ABBÉ ÉMILE CAVÉ

DU CLERGÉ DE PARIS

Mgr d'Hulst Député

PARIS

LIBRAIRIE CH. POUSSIELGUE

RUE CASSETTE, 15

1898

Mgr d'Hulst
Député

Propriété de

ABBÉ ÉMILE CAVÉ

DU CLERGÉ DE PARIS

Mgr d'Hulst Député

PARIS

LIBRAIRIE CH. POUSSIELGUE

RUE CASSETTE, 15

1898

INTRODUCTION

« C'est par dévouement qu'il accepta le mandat de député de la Bretagne, » disait le Cardinal Archevêque de Paris, dans sa lettre à l'occasion de la mort de Mgr d'Hulst.

En effet, ses fonctions de recteur de l'Institut Catholique, sa mission de conférencier de Notre-Dame, ses goûts prononcés pour les études scientifiques et philosophiques, la direction de tant d'œuvres, enfin, auxquelles il se dévouait sans compter, ne devaient guère porter l'éminent prélat à briguer un mandat législatif. et à se jeter dans la mêlée des luttes politiques.

Mais son acceptation de la succession de Mgr Freppel au Parlement devait retarder de quelques années, — jusqu'à sa mort, — la scission si profonde, qui divise aujourd'hui la catholique troisième circonscription de Brest. Il se dévoua.

Les uns, tenants irréductibles de l'ancien parti conservateur et monarchiste, fidèles quand même à des souvenirs très respectables, et ancrés à je ne sais quelles espérances très problématiques, étaient rassurés par les attaches bien connues de Mgr d'Hulst à la cause monarchique.

Les autres, le plus grand nombre, et le clergé en tête, — les événements l'ont bien prouvé depuis, — soumis, sans réserve et sans réticence, aux directions pontificales, voyaient dans la personnalité du prélat un CATHOLIQUE AVANT TOUT, dont la droiture, la loyauté, l'âme vraiment sacerdotale en un mot, leur donnaient toutes les garanties.

Ce n'est pas sans motif ni sans preuve que nous attribuons à la candidature de Mgr d'Hulst ce rôle de pacification et d'union entre ceux des électeurs que guidait l'esprit de parti et ceux, au contraire, qui plaçaient les intérêts religieux bien au-dessus des mesquines considérations politiques.

Le prélat lui-même, en effet, ne comprenait pas autrement le mandat qu'il n'avait accepté que par devoir et par dévouement.

Il écrivait un jour à une personne qui avait toute sa confiance : « J'irai le 5 à Quimper pour l'élection sénatoriale du 6.

« Priez pour une réunion importante dans laquelle j'aurai un rôle à jouer, pour essayer de refaire l'union entre catholiques royalistes et catholiques ralliés. On a paru content de mon attitude, et on a voulu me charger d'être le trait d'union.

« J'ai reçu à cet effet une lettre signée de dix-huit conseillers généraux ; mais j'ai cru imprudent d'accepter de prendre l'initiative d'une convocation spéciale. Je me suis borné à conseiller de profiter de la réunion forcée des électeurs sénatoriaux pour tenir une assemblée à Quimper, en indiquant quelques moyens de la rendre utile.

« J'y prendrai une part active ; mais mon rôle est très délicat à cause des susceptibilités à ménager... »

En maintes circonstances d'ailleurs, Mgr d'Hulst n'hésita pas à donner à sa candidature et à son élection une couleur nettement religieuse.

Aux catholiques, que guidaient les instructions de Léon XIII, il fournissait les garanties les plus formelles et les plus explicites.

Dans la lettre par laquelle il avait accepté la candidature, au cas où son nom serait choisi par le Comité électoral, il déclarait qu'il se placerait sur le terrain des institutions établies, pour défendre l'enseignement chrétien, les congrégations religieuses, les intérêts du clergé.

Il s'engageait également, dans sa première circulaire aux électeurs, à se placer toujours « sur le terrain des institutions qui nous régissent aujourd'hui. »

Enfin, un jour, il disait à la Chambre : « Je ne me suis pas présenté comme un adversaire de la République, ni comme ayant mission pour la renverser. »

Il n'y avait donc pas à s'y méprendre, Mgr d'Hulst se plaçait nettement sur le terrain constitutionnel. Et rien, dans ses paroles, dans ses actes, dans ses votes à la Chambre, ne put jamais permettre de douter de la sincérité de ses déclarations, quelles que pussent être ses préférences intimes.

Il donnait par là un grand exemple, en témoignant ainsi d'une soumission loyale et sincère aux instructions de Léon XIII, car le sacrifice devait lui être particulièrement pénible. Par sa famille et par lui-même, des liens aimés l'attachaient à la maison de France et à la personne du comte de Paris.

Deux ou trois organes de la droite, faisant chorus avec la plupart des journaux de la gauche, ne s'en obstinèrent pas moins à qualifier toujours, et jusqu'après sa mort, Mgr d'Hulst de député monarchiste !

Ceci dit pour bien marquer, dès le commencement, la caractéristique de la candidature de Mgr d'Hulst, faisons-en l'historique.

Ce fut à Angers, aux obsèques mêmes de Mgr Freppel, qu'on commença à se préocuper de sa succession au Parlement, et qu'on songea au recteur de l'Institut Catholique de Paris.

Le promoteur de cette candidature, placé mieux que personne pour bien connaître la situation électorale de la troisième circonscription de Brest, n'eut pas de peine à faire entrer dans ses vues les évêques présents.

Comme il arrive souvent en ces matières, des indiscrétions ne tardèrent pas à être commises, et le nom de Mgr d'Hulst fut prononcé comme étant celui du successeur probable de Mgr Freppel au Parlement.

— « Après les obsèques de Mgr Freppel, on s'est

entretenu hier, à Angers, de la succession législative de l'illustre évêque, rapportait l'*Univers*.

« Au cours des conversations qui ont eu lieu à ce sujet, plusieurs noms ont été mis en avant : ceux de Mgr de Cabrières, évêque de Montpellier, et de Mgr d'Hulst. Ce dernier paraît avoir rallié les suffrages et c'est lui qui, probablement, sera proposé aux électeurs de la troisième circonscription de Brest. »

— « Nous voyons avec une grande joie, disait le *Monde*, les suffrages se rallier sur le nom de l'éminent prélat, qui aura toute la vigueur comme toute la compétence et le talent désirables pour représenter l'Église à la Chambre. »

— « La *Croix*, enfin, s'exprimait en ces termes : « Après diverses hésitations, le choix du successeur de l'illustre évêque d'Angers paraît se fixer de plus en plus dans l'opinion des électeurs du Finistère ; on assure que la difficulté de choisir entre divers évêques fait prévaloir le nom d'un prélat qui, sans avoir la dignité épiscopale, en a le prestige, homme de grand talent, de profonde érudition, très indépendant de caractère, et orateur éminent, c'est le recteur de l'Université Catholique de Paris, Mgr d'Hulst.

« Son élection aurait, entre autres avantages, celui de porter au Parlement la cause de la liberté de l'enseignement supérieur. Et cette cause, et toutes celles qui sont grandes auraient en cet orateur et ce prélat le plus éloquent, le plus redoutable défenseur. »

C'est ainsi que la Presse Catholique d'alors était unanime pour accueillir avec une faveur marquée la nouvelle, encore incertaine pourtant, de la candidature de Mgr d'Hulst.

En Bretagne il en était de même.

« Je sais, Monseigneur, — lui écrivait un prêtre distingué, curé d'une importante commune de la circonscription, — que vous êtes disposé à accepter la succession à la Chambre de notre bien regretté Mgr Freppel.

« Les électeurs de l'évêque d'Angers seront heureux de vous acclamer, et tout me fait croire au succès de votre candidature.

« A part quelques exceptions, les électeurs ici n'ont pas d'opinions politiques bien arrêtées ; ils sont surtout et *avant tout catholiques*.

« Ils seraient donc tous avec vous, Monseigneur, pour protester contre l'étouffement de toutes les libertés chères aux cœurs catholiques si, par une déclaration publique, ferme et vigoureuse, vous posiez, comme Mgr Freppel, votre candidature sur le terrain exclusivement religieux. »

Mais c'était au Comité catholique électoral de la troisième circonscription de Brest qu'il appartenait de ratifier ce choix, et de le proclamer officiellement.

On se réunit donc, dans les derniers jours du mois de janvier 1892, à Lannilis, sous la présidence de M. de Kermenguy, député. Tous les élus conservateurs assistaient à ce congrès, ainsi que quelques prêtres et un certain nombre d'électeurs, représentant les différentes communes de la circonscription ;

ils étaient, en résumé, au nombre de cent seize membres, dont six ecclésiastiques seulement.

Par un sentiment de discrétion et de délicatesse bien naturelles chez Mgr d'Hulst, il ne voulut pas assister à cette réunion. Voici comment il s'en expliquait avec celui à qui il confiait l'honorable mission de l'y représenter : « J'ai été avisé que le Comité électoral catholique de la troisième circonscription de Brest doit se réunir vendredi prochain pour examiner les diverses candidatures au siège laissé vacant par la mort du regretté Mgr Freppel.

« Les personnes qui ont mis mon nom en avant me pressent de me rendre à cette réunion. Deux motifs m'en empêchent : des occupations qui me retiennent ce jour-là, et surtout, la réserve que je suis résolu à garder vis-à-vis des électeurs du Finistère, tant qu'une démarche autorisée ne m'aura pas saisi du choix du Comité.

« Étranger au département, je n'aurais aucun titre à solliciter les suffrages du corps électoral, si les circonstances particulières au milieu desquelles s'est produite la vacance ne faisaient désirer à un grand nombre de catholiques de voir Mgr Freppel remplacé par un ecclésiastique.

« Je ne viens pas disputer dans le Léon un siège de député ; je me tiens à l'écart, restant seulement à la disposition des électeurs pour le cas où l'accord se ferait plus aisément sur mon nom. »

Un mouvement d'opinion s'était dessiné, parmi les délégués, en faveur de M. Lunven, maire de Lesneven. Celui-ci déclara s'en rapporter à la décision de l'Assemblée, s'engageant toutefois à ne pas maintenir sa candidature si la majorité se prononçait pour celle de Mgr d'Hulst.

De même, M. le comte de Blois, conseiller général de Plabennec, — qui devait, dans la suite, se départir si fâcheusement de cette ligne de conduite, — et M. Chevillotte, ancien député, conseiller général d'Ouessant, dont il avait été question, se rallièrent sans difficulté à la candidature ecclésiastique.

Ce fut donc dans ces conditions que Mgr d'Hulst devint candidat, après avoir été officiellement désigné par 87 voix contre 27 données à M. Lunven, et 2 bulletins blancs.

L'excellent journal catholique, le *Courrier du Finistère*, en rendant compte de cette importante réunion de Lannilis, présentait ainsi le futur député de la troisième circonscription de Brest : « C'était le 29 décembre dernier, dans la cathédrale d'Angers; la cérémonie des obsèques de Mgr Freppel était terminée. Au pied du catafalque défilait le long cortège des prélats et des évêques.

« Nous étions là quelques-uns du Finistère, prêtres et laïques, et le même sentiment de curiosité nous réunissait tous. Peut-être, dans ce cortège, nous allions voir celui qui serait le successeur de Mgr Freppel.

« Et les dominant tous par sa haute taille, l'allure majestueuse, le front haut et largement découvert, dans les traits quelque chose de breton, noble et fier, nous vîmes passer Mgr d'Hulst, le recteur de l'Université Catholique de Paris.

« A ce moment, plusieurs d'entre nous souhaitèrent qu'il fût appelé à remplacer Mgr Freppel.

« C'est fait aujourd'hui : Mgr d'Hulst est désigné pour être notre candidat; demain il sera notre élu. »

Choisi par le congrès électoral de Lannilis, le prélat n'avait plus qu'à faire son premier acte de candidat. Il s'en acquitta par la profession de foi suivante, adressée aux électeurs du pays de Léon :

« Electeurs de la troisième circonscription de Brest,

« Un deuil douloureux, qui unit dans de communs regrets la Bretagne, l'Alsace et la France catholique tout entière, a rendu vacant ce siège de député où, par quatre fois, vos suffrages spontanés avaient fait asseoir un grand évêque, un grand citoyen.

« Vous étiez fiers de penser que celui qui tenait de vous son mandat représentait au Parlement, en même temps que vos droits et vos intérêts, ceux de la religion et de l'Eglise.

« C'était là pour vous un glorieux privilège. Vous ne semblez pas vouloir l'abdiquer et voilà pourquoi, lorsque votre province vous offrait tant d'hommes dévoués, capables de bien gérer vos affaires, le comité électoral de votre circonscription vous propose de remettre encore une fois à des mains sacerdotales la défense de toutes les causes qui vous sont chères.

« J'étais pour vous hier encore un étranger, un inconnu. Des appréciations trop bienveillantes m'ont désigné à votre choix. On n'a voulu voir en moi qu'un serviteur indépendant et convaincu de ces saintes causes, et l'on m'a offert un héritage dont l'honneur inattendu me confond. Mais nous vivons dans des temps de lutte où de tels honneurs ne se refusent pas, parce qu'ils désignent celui qui en est l'objet au labeur et au péril des grands combats livrés pour la foi d'un peuple, pour le rachat de l'âme des enfants, pour la liberté de la prière, pour le maintien des traditions religieuses qui, après tant de bouleversements, restent la meilleure part de notre patrimoine national.

« On vous a dit ce que j'ai fait jusqu'ici : Français, j'ai aimé ma patrie; prêtre, j'ai aimé l'Eglise. Dans le ministère des paroisses, dans l'administration ecclésiastique, à la tête d'un grand établissement d'enseignement, et jusque sur les champs de bataille comme aumônier de nos armées, j'ai travaillé pour l'Eglise et pour la France. J'ai donné vingt-sept ans de ma vie au service de ces deux mères.

« Vous me proposez une façon nouvelle de les servir encore; vous avez le droit de savoir de quelle manière je comprendrais ma tâche, si vos suffrages me déléguaient cette glorieuse mission.

« Je ne serais pas l'homme d'un parti, mais l'homme d'un principe, et ce principe, j'en trouverais la formule dans cette fière et pacifique Déclaration des cardinaux français, qui porte aujourd'hui la signature de tous les évêques de France.

« Persuadé que la grande question qui s'agite dans les débats de la politique contemporaine est celle de savoir si la France doit ou non rester croyante, je me placerais pour la résoudre sur le terrain des institutions qui nous régissent aujourd'hui, et je demanderais aux dépositaires du pouvoir de prouver par leurs actes — les paroles ne suffisant pas — que ces institutions sont compatibles avec le respect des consciences et le libre développement de la civilisation chrétienne.

« Ennemi de l'opposition systématique, j'apporterais au gouvernement le concours de mes votes toutes les fois qu'il s'agirait de l'aider à faire le bien, à prendre en main les intérêts des classes laborieuses, ceux de l'agriculture, du commerce et de l'industrie nationale, des pêcheries et de la marine marchande, à dégrever le budget des dépenses inutiles, à suivre au dedans une politique d'économie, d'honnêteté, de tolérance, au dehors une politique tout à la fois pacifique et fière, la seule qui convienne à la France relevée de ses malheurs.

« Dans les questions proprement religieuses, je tendrais une main fraternelle à quiconque voudrait sincèrement pacifier les âmes, en assurant la liberté de l'enseignement, celle de l'association, et observer, dans son esprit comme dans sa lettre, le Concordat qui règle en France les rapports de l'Église et de l'État.

« Pour traduire ce programme dans mes paroles et dans ma conduite, je n'aurais qu'à me souvenir du refrain de ce chant patriotique que vous avez fait retentir jusque sur vos champs de bataille : « Catholiques et Bretons; Catholiques et Français toujours! »

Après avoir reproduit ce manifeste, tout vibrant de patriotisme et de foi, le journal la *Bretagne* disait :

« Les électeurs catholiques de la troisième circonscription de Brest sauront comprendre ce langage superbe dans sa vigueur et dans sa précision, et leurs votes unanimes voudront y répondre, en lui donnant à la face de la France entière un écho digne de lui et digne d'eux-mêmes! »

Mgr d'Hulst était alors à la veille de reprendre ses conférences à Notre-Dame. Il fit néanmoins un rapide voyage en Bretagne, où il ne resta que huit jours, marqués par d'incessantes ovations.

Infatigable, il assistait à de nombreuses réunions, prononçait de longs discours, développait d'une façon éloquente et précise son programme électoral. On nous a raconté, à ce sujet, que sa parole incisive et convaincue arracha plus d'une fois à son auditoire de frénétiques bravos.

La glace était rompue, la connaissance faite, partout il recevait un accueil si chaleureux, on lui donnait des marques si vives de respect, de confiance et de sympathie qu'il en était tout heureux et tout ému. Il s'était donc engagé à revenir bientôt pour compléter et achever sa tournée avant l'élection, mais des empêchements survinrent qui ne lui permirent pas de parcourir, comme il se l'était promis, les cantons de Saint-Renan, de Ploudalmézeau et d'Ouessant. Il s'en excusa auprès des électeurs de ces trois cantons par une nouvelle circulaire, qu'il terminait ainsi :

« Je suis persuadé que cet empêchement involontaire ne sera pour aucun d'entre vous un motif de manquer au rendez-vous que je vous donne au scrutin du 6 mars :

« Pour Dieu, pour la liberté des consciences, pour la cause de la religion et de l'éducation chrétienne, pour les intérêts de votre circonscription qui sont devenus les miens,

« Pas d'abstention ! Que chacun soit de son parti :

« Le vôtre est celui de la Bretagne et de la France catholique. »

Les catholiques bretons étaient faits pour entendre le noble langage de Mgr d'Hulst. Ils le lui prouvèrent en l'envoyant à la Chambre continuer les traditions du grand évêque d'Angers.

L'élection avait lieu le jour même où Mgr d'Hulst ouvrait, à Notre-Dame, la série de ses conférences pour le carême de 1892, le dimanche 6 mars.

Il fut élu par 11,069 voix sur 11,970 votants.

Le nouveau député remercia aussitôt ses électeurs de ce magnifique succès :

« L'union des catholiques de Bretagne, disait-il, qui s'était affirmée, quatre fois en dix ans, sur le nom de l'éminent et regretté évêque d'Angers, vient, grâce à vous, de se cimenter de nouveau.

« J'avais répondu à l'appel du comité de Lannilis, qui m'invitait à solliciter vos suffrages. A votre tour, vous avez répondu à mon appel avec une imposante unanimité.

« Nous n'avons fait que nous entrevoir; mais dans ce rapide voyage, des liens forts et durables se sont formés entre nous. Vous venez de les resserrer par vos suffrages.

« Je suis à vous par le mandat que vous m'avez donné, par la confiance dont vous m'avez honoré, par la sympathie profonde que vous m'avez inspirée. J'espère vous le montrer en soutenant au Parlement, avec vos intérêts, les causes saintes dont vous restez en France les plus fermes et les plus vaillants champions.

« Le scrutin du 6 mars fait honneur à votre foi chrétienne et patriotique. Il crée pour moi des devoirs de reconnaissance et de dévouement auxquels je ne faillirai pas. »

Ce premier mandat législatif du successeur de Mgr Freppel n'allait pas être de longue durée. Les pouvoirs de l'Assemblée dans laquelle les Bretons venaient de l'envoyer, avec une si compacte majorité, expiraient quelques mois plus tard. La clôture de la session était prononcée le 22 juillet 1893, et la Chambre de 1889 avait vécu.

C'était une nouvelle campagne électorale à entreprendre pour Mgr d'Hulst, dont les occupations — nous l'avons dit déjà — étaient si multiples et les loisirs si rares. Il tint à honneur cependant de venir en Bretagne rendre compte de son mandat à ses électeurs, et poser de nouveau sa candidature pour les élections générales, fixées au 20 août 1893.

Dans une réunion, tenue à Lannilis, au mois de juillet, sous la présideuce de M. de Kerdrel, conseiller général et maire de Lesneven, le député de Brest exposa à ses auditeurs la situation politique des partis en France, et les conditions dans lesquelles les catholiques avaient à entreprendre la lutte.

Nous empruntons au compte rendu du *Courrier du Finistère*, pour les résumer, les principaux passages du remarquable discours de Mgr d'Hulst, en cette circonstance.

Après avoir rappelé les conditions dans lesquelles il avait été élu, il y avait seize mois, lui étranger à la Bretagne, à peu près inconnu dans la circonscription; après avoir dit comment il s'était efforcé de continuer au Parlement l'œuvre de Mgr Freppel, il annonçait son intention de solliciter de nouveau les suffrages des électeurs, aux prochaines élections.

Puis, faisant un saisissant tableau de la situation politique, le prélat concluait par des considérations, qui semblent être aujourd'hui encore, — après quatre ans, — et plus que jamais peut-être, d'une vivante actualité :

« Les catholiques, disait-il, sont divisés en deux groupes : ceux qui acceptent la forme républicaine avec l'espoir d'attirer ainsi à une politique meilleure la majorité des Français, attachée à cette forme; et ceux qui, désespérant de convertir la République, ne veulent pas renoncer à la combattre.

« Cette division est regrettable; mais il est possible d'en atténuer beaucoup les fâcheux effets. Il ne s'agit pas, en effet, dans les élections de choisir un régime constitutionnel, mais d'envoyer au Parlement des hommes chargés de faire les lois et d'imprimer au gouvernement une direction.

« Que dans chaque circonscription on cherche l'homme que sa situation personnelle rend le plus capable de réunir les suffrages de ses concitoyens sur un programme catholique et favorable aux légitimes intérêts du pays ; si ce candidat est un rallié, les monarchistes devront voter pour lui, et réciproquement.

« Voilà ce que commandent et la conscience et l'intérêt. Que tous s'y conforment, et l'union sera refaite.

« Arriverons-nous par là à reprendre la majorité? Pas immédiatement, mais nous préparerons pour de prochaines élections une victoire certaine.

« En attendant, il faudra que la minorité catholique au Parlement donne au pays le spectacle d'une opposition compacte, résolue, laborieuse et ardente pour le bien. C'est ainsi qu'on ramènera le suffrage universel, encore aujourd'hui égaré par les promesses mensongères des faux amis du peuple.

« La protection de l'agriculture, du commerce maritime, le dégrèvement de la petite propriété, la réduction des frais de partage et des frais de justice, voilà des réformes qui figurent pour la montre sur le programme de nos adversaires; il faut qu'elles fassent l'objet de nos efforts incessants pour obtenir, enfin, des résultats trop longtemps attendus. »

Les pensées qui avaient inspiré ce grand discours politique, interrompu à chaque instant par les approbations et par les applaudissements de son auditoire, Mgr d'Hulst allait les reproduire bientôt dans un manifeste électoral qui dépasserait comme portée les limites de la troisième circonscription de Brest.

Ce manifeste était, ainsi qu'on va le voir, un vigoureux réquisitoire contre la législature qui venait d'expirer, et un magnifique programme réparateur pour l'avenir, si les catholiques de la France entière avaient su l'entendre et le comprendre comme ceux de la Bretagne.

« Electeurs de la troisième circonscription de Brest,

« Je ne suis plus pour vous, comme il y a dix-huit mois, un étranger et un inconnu.

« Depuis que l'appel de quelques-uns d'entre vous m'a désigné à votre choix pour succéder à l'évêque, au patriote, à l'orateur éminent qui vous avait représentés depuis onze ans, des liens de confiance et d'affection se sont formés entre nous. J'ai appris à connaître votre beau pays, j'ai admiré votre foi religieuse, les mœurs patriarcales de vos familles, votre vie laborieuse, votre ardent patriotisme. De mon côté, j'ai essayé de vous servir.

« Fort des onze mille voix que vous m'aviez données, je suis entré au Parlement pour y faire, dans des conditions particulièrement difficiles, l'apprentissage de la vie politique.

« J'ai vu la majorité, divisée en groupes ennemis, retrouver toujours l'unanimité pour la tâche impie et malfaisante que poursuivent les sectes antichrétiennes.

« L'Eglise traitée en suspecte ; la juste indemnité due à ses ministres arbitrairement suspendue en punition de délits imaginaires, sans débats, sans preuves et sans jugement ; l'instruction religieuse chassée des écoles publiques et ne pouvant retrouver un asile dans les écoles privées qu'à travers mille tracasseries, mille entraves, et au prix des plus lourds sacrifices ; les séminaristes, les prêtres eux-mêmes enrôlés dans l'armée, au mépris de leur mission pacifique et sans égard à l'équivalence des services qu'ils rendent à la société par une vie entière de dévouement ; l'influence moralisatrice de la religion surveillée à l'égal d'un danger public, comme le prouvent et l'interdiction des processions dans nos villes et la fermeture récente du cercle militaire de Quimper ; la liberté d'association largement reconnue aux sectes subversives et toujours contestée aux congrégations religieuses, qui sont l'armée volontaire de l'enseignement et de la charité : voilà les traits principaux d'une politique que la dernière Chambre n'a pas inventée, mais dont elle s'est faite la continuatrice et dont elle a imposé le programme aux ministères éphémères qui se sont succédé dans son sein.

« Faite pour le mal, cette Assemblée s'est montrée impuissante pour le bien. Elle a touché à des lois utiles, telles que la réforme des caisses d'épargne, le crédit agricole, mais elle n'a pu les faire aboutir. Elle a voté le tarif des douanes, mais elle y a fait, au hasard des circonstances, des exceptions peu motivées favorables à la spéculation, nuisibles à la production nationale. Devant la nécessité reconnue des économies, elle a augmenté de plus de cent millions les charges du budget. Celui qu'elle vient de voter en toute hâte pour l'année prochaine, n'a que l'apparence de l'équilibre; nul ne conteste la réalité du déficit. Au péril de l'immoralité croissante cette majorité ajoutait encore naguère le scandale du Panama; à la conscience publique qui réclamait la lumière, elle répondait en laissant prescrire le crime et en désarmant la justice.

« Réduits au rôle ingrat d'une opposition impuissante, nous n'avons pu que condamner par nos votes et par nos protestations tous ces attentats contre la patrie.

« J'ai joint mes efforts à ceux de la minorité catholique et conservatrice. J'ai signalé la mollesse et l'inconséquence du gouvernement dans les troubles survenus à Paris dans les églises et l'incohérence de sa conduite dans la tolérance ou la répression du duel; j'ai flétri les mesures iniques prises contre les prêtres du Finistère; j'ai réclamé pour les employés de l'État une part dans le repos du dimanche.

« Mes votes ont été conformes au programme que vous aviez sanctionné de vos suffrages. J'ai soutenu le pouvoir dans les rares occasions où je l'ai trouvé fidèle à sa mission. J'ai eu plus souvent l'occasion de lui refuser ma confiance et de lui témoigner mon blâme.

« Mais la France croyante, honnête et laborieuse a droit à autre chose qu'aux protestations de ses défenseurs. Il est temps que sa volonté pèse d'un poids décisif sur les destinées de la patrie. Pour cela, l'union est plus que jamais nécessaire entre nous, et elle est possible.

« La forme du gouvernement n'est plus contestée. Parmi les catholiques, les uns, cédant à d'augustes conseils, acceptent la République comme le régime définitif de la France moderne; les autres, persuadés qu'elle marque non le terme final, mais une phase temporaire de l'évolution démocratique, réservent leurs préférences pour l'avenir, mais ne veulent attendre que de la libre volonté de la nation le changement qu'ils espèrent. Les uns et les autres sont donc respectueux de la Constitution. Rien ne les empêche de se placer ensemble sur le terrain des institutions établies, pour y poursuivre d'un commun accord les réformes urgentes, qui tiennent dans ces quelques mots: liberté de conscieuce, fin des luttes religieuses, respect du Concordat dans sa lettre et dans son esprit, amendement des lois scolaires et militaires, liberté d'association sous la garantie du droit commun, économie, probité financière et politique, protection de l'agriculture et de l'industrie nationales.

« Ce programme est celui de la majorité des électeurs en France. Qu'ils s'unissent, oublieux des nuances qui les séparent; bientôt, ce sera le programme de la majorité des élus. Alors commencera pour notre pays une ère de régénération morale et de prospérité matérielle.

« Electeurs,

« Je me présente de nouveau à vos suffrages. Je vous donne rendez-vous aux urnes le 20 août. Que personne ne s'abstienne! Le vote est un devoir. Que chacun en prenne l'inspiration dans sa conscience et la victoire est à nous.

« Vive la France, vive la Bretagne catholique! »

Réélu, sans concurrent, par 11,097 voix sur 11,783 votants, cette unanimité — on peut le dire — de ses fidèles Bretons était le témoignage le plus touchant et le plus authentique de la confiance que Mgr d'Hulst avait su leur inspirer. Il les en remerciait ainsi :

« Mes chers amis,

« Toujours fidèles à vos convictions, vous aviez élu quatre fois Mgr Freppel. Vous venez d'élire pour la seconde fois son successeur. Par 11,097 voix, les fiers cantons du Bas-Léon viennent d'affirmer encore ce qu'ils veulent.

« Bretons, ils entendent être représentés par un catholique; Français, ils souhaitent que l'Église ait en France sa légitime part d'influence. Depuis treize ans, ils expriment cette volonté en donnant leurs suffrages à un évêque ou à un prêtre, en le choisissant hors de leur province, comme pour donner à son mandat une signification plus générale.

« Je saurai comprendre le double devoir que votre fidélité m'impose. M'inspirant des conseils du Saint-Père, je m'efforcerai plus que jamais d'être au Parlement le défenseur sage et dévoué des intérêts de la religion.

« Mais la reconnaissance qui m'attache par des liens chaque jour plus étroits à la Bretagne, fera de moi l'avocat convaincu des intérêts de votre cher et noble pays.

« Merci aux vaillants électeurs des cantons de Lannilis, de Lesneven, d'Ouessant, de Ploudalmézeau et de Saint-Renan !

« Honneur à la Bretagne catholique ! »

Accablé sous le poids d'immenses occupations, Mgr d'Hulst ne pouvait guère faire le voyage de la Bretagne, où il ne se rendait qu'une fois ou deux seulement chaque année, pour s'y entretenir avec les notables électeurs des principales communes de la circonscription. Il y était reçu, avons-nous besoin de le dire pour ceux qui connaissent l'hospitalité bretonne, non seulement avec empressement et avec joie ; mais les apparitions de leur député, dont ils étaient si fiers, étaient toujours trop rares et trop courtes, au gré de ceux qu'il visitait.

Si le prélat, en effet, n'était pas, à proprement parler, un sympathique, ceux qui l'ont connu ne nous démentiront pas, sa froideur était beaucoup plus apparente que réelle.

Il nous a été donné de recueillir sur lui les impressions de quelques-uns de ses anciens collègues de la Chambre et de bon nombre de ses électeurs. Tous sont unanimes pour rendre hommage à l'affabilité de son accueil, à l'aménité de ses entretiens, à la droiture de son caractère et à la bonté de son cœur.

Et maintenant, il nous reste à dire comment Mgr d'Hulst comprit, et comment il remplit cette difficile et délicate mission de prêtre-député, dont nous venons de faire l'historique.

Nous le dirons donc avec une entière franchise, et avec une impartialité d'autant plus sincère que nous appuierons notre jugement sur l'autorité de ceux qui ont été le plus à même d'apprécier le prélat à la Chambre, et sur le témoignage de sa propre parole.

A l'époque de l'élection de Mgr d'Hulst, comme récemment encore, à propos de celle de son successeur au Parlement, certains journaux de droite ont prétendu et prétendent, avec nombre de catholiques du reste, que la présence d'un prêtre, de plusieurs prêtres à la Chambre est tout au moins regrettable et inutile, sinon déplacée.

La presse antireligieuse et les organes de la gauche ne parlent pas autrement. Peut-être pourrait-on voir déjà, dans ce surprenant accord, la preuve même de l'erreur des premiers.

Et en effet, n'est-il pas bon que, dans un pays catholique comme la France, parmi les six cents membres et plus de la représentation nationale, il se trouve un prêtre, plusieurs prêtres qui puissent, — sous leur responsabilité sans doute, — avec l'autorité que leur donnent leur caractère sacerdotal et leur compétence spéciale, défendre, du haut de la tribune, les droits trop souvent méconnus des catholiques, et faire entendre à la France tout entière leurs protestations — bien que souvent sans résultats immédiats — contre toutes les atteintes portées à la religion et à ses libertés?

En quoi donc, enfin, ces prêtres ne seraient-ils pas aussi aptes que d'autres à s'occuper des intérêts matériels de leurs concitoyens, intérêts le plus souvent si étroitement liés aux intérêts moraux eux-mêmes du pays ?

Nos adversaires, eux, ne s'y trompent pas. Et voilà, à notre sens, ce qui explique pourquoi ils s'opposent, de toutes leurs forces et par tous les moyens, à ce qu'ils appelaient, il y a quelque temps, par la bouche d'un de leurs chefs, « l'invasion du clergé dans la politique ».

Voilà ce qui explique l'accueil si peu sympathique fait à Mgr d'Hulst, par la majorité des députés, quand il entra à la Chambre pour la première fois ; et l'inconcevable invalidation de son successeur, en dépit d'une imposante majorité, sous prétexte « d'ingérence cléricale dans l'élection. »

Non, dans un temps où une tendance très marquée, à droite comme à gauche, semble de plus en plus vouloir renfermer le prêtre à la sacristie, et lui refuser toute action sociale, il n'est pas mauvais qu'en plein Parlement une voix sacerdotale s'élève, de temps à autre, pour revendiquer, au nom de la religion, la place à laquelle elle a droit dans la société.

Prêtre, — et c'est là le trait dominant de toute sa vie, — le pieux prélat l'était partout, à la Chambre comme ailleurs. Rien ne le prouve mieux que cette note intime, retrouvée dans le journal de ses retraites : « J'ai cherché, à travers beaucoup de distractions, à diriger vers le service de Dieu tous les travaux qui m'attachent, même les plus dissipants, comme ceux de la Chambre, au milieu desquels pourtant la présence de Dieu m'est quelquefois très facile, mais pas assez habituellement. Je dois me dire que là aussi, et là surtout, je ne suis présent que pour *ses affaires.* »

Cependant, il est vrai, expérience faite déjà du rôle d'un prêtre à la Chambre, et quelque peu découragé peut-être dans l'accomplissement de son mandat, non seulement par l'hostilité de parti pris qu'il rencontrait chez ses adversaires, mais aussi — il faut bien le dire — par les difficultés qui lui venaient quelquefois de ses amis eux-mêmes, Mgr d'Hulst ne paraissait pas partisan de nombreuses candidatures ecclésiastiques.

Il s'en expliquait franchement, aux approches des élections de 1893, avec le correspondant éminent à l'obligeance duquel nous devons la communication de documents qui nous ont été bien précieux pour ce travail.

Voici ce qu'il écrivait le 31 janvier 1893 :

« Je ne vois pas sans une certaine inquiétude la disposition où semblent être quelques-uns de vouloir promouvoir des candidatures ecclésiastiques. Je me sens très peu à l'aise pour exprimer cette opinion, car on pourrait me dire : vous avez trouvé la chose bonne pour vous, vous la trouvez mauvaise pour les autres ; en voulez-vous donc le monopole ? Dieu m'est témoin que ce sentiment est bien loin de moi.

« Mais vraiment l'expérience me montre tous les jours combien difficile est la position d'un prêtre à la Chambre. S'agit-il de questions profanes ? On admet difficilement qu'il s'en occupe. S'agit-il de questions religieuses ? Les adversaires affectent de voir dans sa seule présence à la tribune une provocation, et les amis font quelquefois tout ce qu'ils peuvent pour l'empêcher d'y monter.

« Je crois cependant que, de loin en loin, la parole d'un prêtre est opportune pour dire le mot juste sur des questions que les laïques les meilleurs connaissent mal. Mais c'est rare. Et si l'on était une demi-douzaine de prêtres ou d'évêques à se partager ce rôle, que ferait-on ?

« Remarquez qu'un député ecclésiastisque n'a de raison d'être à la Chambre que s'il parle. Aller dans les bureaux des ministères, prendre de l'importance dans les coulisses parlementaires, devenir rapporteur de projets de loi, membre influent des commissions, ce n'est pas son affaire; le voulût-il, on ne voudrait pas de lui.

« La conclusion, c'est que la multiplication des députés ecclésiastiques serait un embarras pour eux-mêmes et pour les autres, et les mettrait dans l'impossibilité de justifier leur mandat. »

Ces considérations, ajoutons-le, n'avaient point tout à fait convaincu celui à qui elles étaient adressées. Breton, à l'âme virile et fière, au caractère énergique et résistant comme le granit de ses rivages, il répondait, non sans raison, croyons-nous :

« Vous me permettrez, Monseigneur, de n'être pas de votre avis au sujet de la présence à la Chambre d'un certain nombre d'ecclésiastiques : évêques ou simples prêtres.

« Sans doute, leur présence au Parlement n'aurait pas grande influence, mais elle en aurait toujours autant que celle de beaucoup d'autres députés. Elle aurait, en tout cas, un avantage, celui d'une protestation.

« Je comprends parfaitement qu'il ne faudrait pas un trop grand nombre de prêtres-députés. Mais en quoi donc un ecclésiastique ne serait-il pas aussi capable que le premier laïque venu : notaire, médecin ou avocat, de donner un bon avis sur un projet de loi concernant même une question toute profane?

« La présence des prêtres à la Chambre, dit-on,

irrite de plus en plus la gauche et peut-être la droite elle-même. C'est possible, mais cela prouve une chose, c'est que leur présence y est nécessaire. Il y a là, en effet, un fâcheux préjugé déjà trop ancien, qui tend à se perpétuer, et qui consiste à dire : « Le prêtre à la sacristie, qu'il ne se montre pas, il nous gêne ! »

« Eh bien, laissez-moi le dire, si on fait cette concession, comme on en a fait tant d'autres, si on accepte ce sophisme sans protester et sans réagir, il n'y a plus pour le prêtre qu'à renoncer à sa mission sociale et religieuse ! Et alors ?...

« Rassurez-vous, Monseigneur, si vos discours si beaux et si concluants ne changent rien aux résolutions de la Chambre, la France catholique vous lit et vous approuve. Votre voix éloquente l'éclaire et la fortifie, comme autrefois la parole de Mgr Freppel.

« Parlez donc, non pas seulement de loin en loin et rarement, mais toutes les fois que vous en aurez l'occasion.

« Vous faites l'affaire de vos électeurs qui sont tous fiers de leur député, et dont le plus fier peut-être est votre serviteur. »

Oui, c'est le grand honneur des catholiques de la troisième circonscription de Brest d'avoir compris, les premiers, qu'un prêtre pouvait légitimement faire partie des Assemblées législatives de son pays, et d'avoir successivement envoyé à la Chambre Mgr Freppel et Mgr d'Hulst.

C'est leur grand honneur d'être restés fidèles à

cette tradition, en donnant à M. l'abbé Gayraud, leur successeur, une plus forte majorité, après son inique invalidation ; et cela, en dépit de la pression exercée par une outrageante enquête, et malgré des procédés de polémique et les attaques d'adversaires que nous n'avons ni à juger ni à qualifier ici.

Ce mandat de prêtre-député, on sait avec quelle vigueur et avec quelle énergie, avec quelle autorité et avec quelle éloquence Mgr Freppel l'a rempli !

Ne disait-il pas lui-même que ses discours s'adressaient moins à son auditoire parlementaire qu'au pays tout entier, par-dessus la tête des députés.

Comme son illustre devancier, Mgr d'Hulst fut à la Chambre, suivant sa promesse aux électeurs bretons, « le défenseur sage et dévoué des intérêts de la religion, l'avocat convaincu des intérêts de leur cher et noble pays ». Ces deux causes, il les défendit avec un talent qui n'eut d'égal que son courage.

Et son courage fut d'autant plus méritoire, disons-le, qu'il lui fallut plus d'une fois vaincre certaines résistances de ses amis, inspirés par je ne sais quels calculs politiques ! — « Croiriez-vous, écrivait-il avec tristesse à un ami, dans une lettre que nous avons eue sous les yeux, que pour dire les quelques mots que j'ai prononcés dernièrement sur le budget des cultes, j'ai dû livrer une vraie bataille à mes collègues de la droite et leur passer sur le corps ? » Mais n'insistons pas...

Dans sa lettre, à la veille de ce congrès electora

de Lannilis où sa candidature devait être acclamée pour la première fois, lettre dont nous avons cité déjà un passage plus haut, le prélat disait à son mandataire : « Au cas où vous seriez interrogé sur la manière dont je comprendrais ma mission, voici ce que je vous prierais de répondre en mon nom :

« La seule raison d'être d'une candidature ecclésiastique, c'est l'intérêt qu'il y aurait à envoyer au Parlement un défenseur attitré de la cause religieuse.

« Par la façon dont il avait rempli cette mission, Mgr Freppel s'était acquis des titres à la reconnaissance non seulement des électeurs du Léon, mais de tous les catholiques de France. Je n'aurais pas la prétention de l'égaler, mais je me proposerais de marcher sur ses traces. Prenant pour règle la récente déclaration des cinq cardinaux français, je me placerais sur le terrain des institutions établies pour défendre l'enseignement chrétien, les congrégations religieuses, le budget des cultes, les intérêts religieux du clergé et des fabriques.

« Il va sans dire que, dans les questions d'ordre temporel, j'appuierais toujours de mon vote la politique favorable à la paix et aux économies sans jamais sacrifier la dignité de la France, et que je m'associerais à toutes les mesures destinées à améliorer la condition des cultivateurs et des ouvriers. »

Si Mgr d'Hulst fut fidèle à ce programme, et s'il tint parole, pendant les trop courtes années qu'il passa à la Chambre, ses discours parlementaires le disent assez. Mais, après ses discours, personne assurément ne pouvait l'attester plus éloquemment que M. de Mun, son ami et son émule dans la défense de toutes les saintes et grandes causes.

« Dans la carrière si abondamment remplie de Mgr d'Hulst, disait-il, les courtes années de sa vie parlementaire ne paraissent à beaucoup qu'un incident qui, s'il mit en valeur une forme nouvelle de son courage et de son talent, demeure étranger au reste de son œuvre : on dirait qu'on peut l'en détacher sans qu'elle cesse d'être complète.

« Puis, comme absorbé par le travail dévorant de ses jours, il se tenait écarté des petites préoccupations de la politique, on conclut trop légèrement qu'il n'exerça point, dans ce milieu nouveau, l'influence dont, ailleurs, cette belle Assemblée atteste la portée.

« C'est, à mes yeux, juger seulement la surface et décider par les apparences.

« Evoquant, pour préparer ces quelques paroles, la mémoire des dernières années, et parcourant les principaux discours prononcés par Mgr d'Hulst à la tribune nationale, une autre conception m'est apparue de son rôle politique, plus précise et plus formelle qu'elle n'avait pu l'être dans le tumulte des événements quotidiens.

« En toute circonstance, il accomplit vaillamment son devoir de député catholique.....

« L'émotion produite par sa mort, les conversations

intimes recueillies depuis sa disparition, témoignent déjà de l'action qu'avait exercée sur l'esprit de ses collègues son trop court passage au Parlement [1] ».

On se souvient, sans doute, de l'hommage ému et courtois, qu'à l'approbation unanime de l'Assemblée, le président de la Chambre rendait à celui qu'un grand nombre, la veille encore, considéraient comme un adversaire, mais dont chacun avait pu apprécier la haute valeur intellectuelle et morale.

C'est là un témoignage trop précieux, un document trop important, pour que nous puissions omettre de le reproduire dans cette courte étude sur Mgr d'Hulst, député.

« Messieurs — disait M. Brisson au commencement de la séance de la Chambre du 7 novembre 1896 — je viens de recevoir d'un neveu de Mgr d'Hulst la douloureuse nouvelle de la mort de notre collègue. Il représentait parmi nous, depuis 1892, la troisième circonscription de Brest, dont les électeurs, durant de longues années, avaient confié leur mandat à l'évêque d'Angers.

« Les populations de cette partie de la Bretagne avaient tenu à honneur de choisir successivement, pour défendre ici leurs idées, deux des dignitaires les plus marquants de l'Église.

« L'un et l'autre, en effet, celui-là plus vibrant,

1. Discours prononcé à la réunion des évêques protecteurs de l'Institut Catholique. (25 *novembre* 1896.)

celui-ci plus dogmatique, brillaient au premier rang par leur talent, leurs connaissances spéciales, l'ardeur qu'ils apportaient dans l'accomplissement de leur mission. (*Très bien! très bien!*)

« L'un et l'autre se préoccupaient avant tout, ici comme au dehors, des questions d'instruction. Ils étaient également pénétrés de cette pensée du philosophe : « Qui a l'enseignement a l'avenir. »

« Aumônier des ambulances de la presse en 1870, celui que nous perdons aujourd'hui avait vu de près nos malheurs et gardé de ce souvenir un accent particulier dans l'expression de ces sentiments patriotiques qui nous font tous unanimes. (*Très bien! très bien!*)

« Nous regrettons de ne plus voir à son banc ce beau visage attentif, dont un artiste a fixé les traits justement cette année. Notre régime de libre discussion, qui repose sur le respect de toutes les convictions, accueille avec faveur et voit partir avec une véritable peine ceux qui les représentent à un degré éminent. (*Très bien! très bien!*)

« Puisse ce témoignage être de quelque allègement à la douleur des parents de notre collègue. » (*Applaudissements.*) [1]

Disons enfin, pour terminer, que, si Mgr d'Hulst a été diversement apprécié comme orateur sacré, les avis sont à peu près unanimes sur sa valeur comme orateur politique.

---

1. *Journal officiel du* 8 *novembre* 1896.

On a prétendu — avec quelque raison, croyons-nous, — qu'au Parlement, à ses débuts surtout, l'évêque d'Angers, malgré tout son talent, avait conservé à la tribune ce qu'on est convenu d'appeler le ton de la chaire, c'est-à-dire, ce débit chantonnant et monotone, ce geste peu naturel, qui déparent quelquefois même les discours des prédicateurs les plus en renom. Ce n'était que peu à peu, à mesure qu'il était plus saisi par son sujet, et plus excité par les interruptions, qu'il s'animait et qu'il atteignait les sommets de la plus haute éloquence.

Qu'on nous permette, à ce propos, cette charmante anecdote. Un jour que Mgr Freppel était à la tribune et que la gauche de la Chambre manifestait une certaine impatience : — « Voyons, messieurs, s'écria M. Léon Gambetta qui présidait, écoutez donc l'orateur avec attention et *avec recueillement.* »

« Merci, Monsieur le Président, répondit finement le spirituel évêque, je me contenterai de l'attention. »

Chez Mgr d'Hulst rien de pareil. Du premier coup, il se révéla orateur parlementaire.

S'il n'avait pas les accents vibrants, les envolées sublimes des Freppel et des de Mun, si sa parole était plus froide et ne s'échauffait que rarement, ses discours, par contre, étaient remarquables par la sûreté du raisonnement, par la vigueur de la logique, par la justesse de l'expression, par la limpidité et la correction de la phrase.

Toujours maître de lui-même, malgré les interruptions les plus violentes, et même les plus déplacées, sa discussion restait courtoise, quoique mêlée parfois d'une fine ironie.

« Ce n'étaient pas des charbons ardents qu'il lançait à la tribune; mais son argumentation pressée laissait peu de prise à l'adversaire, et plus d'une fois ses répliques de grand seigneur spirituel et hautain firent balle et portèrent respect [1]. »

Ce sont ces discours que nous avons entrepris de publier. Pour n'en pas rompre la belle ordonnance, nous avons, la plupart du temps, renvoyé en note les principales interruptions qui, d'après le *Journal officiel*, s'étaient produites au cours de ces discours. Elles suffiront pour montrer, en même temps que l'impression faite sur la Chambre par sa parole, l'à-propos et la promptitude des reparties de Mgr d'Hulst, orateur parlementaire.

Nous offrons donc, aux nombreux admirateurs et amis du prélat tant regretté, ce travail auquel nous avons consacré les rares loisirs que nous laissait le ministère des âmes, dans une immense paroisse.

Ainsi que nous l'écrivait, en nous y encourageant, quelqu'un qui lui tenait de très près, et qui avait une place de choix dans ses affections : « Je crois qu'on peut dire de ses discours parlementaires qu'ils sont tous inspirés de son caractère sacerdotal, et qu'en les prononçant il s'adressait bien davantage aux esprits qui devaient les lire qu'à la majeure partie d'un auditoire dont il avait parfois tant de peine à se faire écouter.

1. Mgr Touchet : *Oraison funèbre de Mgr d'Hulst.*

« Si donc vous réalisiez votre projet de les publier, vous auriez la consolation de vous dire que vous êtes entré dans sa pensée. »

C'est avec cette espérance que nous déposons ce volume sur la tombe de Mgr d'Hulst, comme un hommage de notre inaltérable gratitude, et en témoignage de notre pieux souvenir.

6 novembre 1897.

Premier anniversaire de la mort de Mgr d'Hulst,

MGR D'HULST, DÉPUTÉ

DISCOURS PARLEMENTAIRES

LA LIBERTÉ DE LA CHAIRE

PREMIER DISCOURS

Le 26 mars 1892, c'est-à-dire vingt jours seulement après son élection, Mgr d'Hulst montait à la tribune de la Chambre pour la première fois.

Il s'agissait d'une question posée au Ministre de l'Intérieur, par M. Jules Delahaye, sur des scènes de désordre qui s'étaient produites, le 15 mars, dans l'église Saint-Merri, sans que la police soit intervenue pour les réprimer.

M. Chassaing, après avoir demandé à transformer la question en interpellation, répondit à M. Delahaye. Dans un discours violent, il accusa le R. P. Lemoigne, de la Compagnie de Jésus, prédicateur de la station du carême à Saint-Merri, d'avoir été le provocateur des désordres dont on se plaignait. Il menaça même de troubles plus graves encore, si on continuait, disait-il, à traiter en chaire des sujets politiques, complètement étrangers à l'enseignement religieux.

C'était pour répondre à ce discours, aussi injuste que violent, que Mgr d'Hulst avait demandé la parole.

L'intervention du nouveau député du Finistère, disent les journaux d'alors, annoncée dès le commencement de la séance, était de tous côtés impatiemment attendue. Mais à peine eut-il franchi les degrés de la tribune, qu'il fut salué par le bruit, par des ricanements, par des interpellations de toutes sortes de la part des membres de la majorité antireligieuse de la Chambre.

Les premières phrases de son discours furent littéralement hachées par des interruptions systématiques et déplacées, au point qu'il ne put s'empêcher de faire cette remarque : « C'est probablement par défaut d'expérience parlementaire — et j'avoue que je n'en ai aucune — mais il m'est impossible de distinguer, dans les paroles que je prononce, ce qui peut ainsi soulever vos interruptions et vos applaudissements ironiques. » — « Oh ! vous en verrez bien d'autres, » répondit M. de Douville-Maillefeu.

Quelque peu décontenancé un instant par « cet accueil singulièrement courtois », comme disait ironiquement M. Le Provost de Launay, Mgr d'Hulst finit cependant, à force d'énergie, à force de présence d'esprit et de talent, par s'imposer à l'Assemblée, et par se faire écouter, sinon avec une attention bienveillante, du moins avec un silence relatif. Les déclarations politiques, du reste, qui terminent son discours ne manquaient pas d'intérêt pour la Chambre tout entière.

En rendant compte, le lendemain, de cette première bataille parlementaire de l'illustre prélat, le journal le *Monde* disait avec raison : « Mgr d'Hulst est habitué aux triomphes de l'éloquence; mais il n'en a peut-être jamais remporté de plus difficile que celui-là. »

Messieurs, j'ai demandé la parole au moment précis où l'honorable orateur qui m'a précédé à cette tribune, M. Chassaing, a contesté, en termes exprès, le droit qu'ont les prêtres chargés du ministère de la prédication... [1]

Je suis absolument résolu à éviter, en ce qui me concerne, tout ce qui peut passionner le débat ou prolonger une discussion qui, à mon avis, a déjà assez duré.

Mais je considère qu'il y a pour moi un devoir, non seulement comme membre de la minorité conservatrice et catholique de cette Chambre, mais comme membre du clergé, de vous apporter de brèves explications sur un point de fait et sur un point de droit.

Le point de fait a été exposé d'une manière en somme très exacte par M. Delahaye, et ce qui me garantit cette exactitude, c'est le peu d'importance des rectifications de M. Chassaing.

Quand M. Chassaing, à son tour, est venu expliquer les faits, il les a singulièrement amoindris.

---

1. M. VIOX. — Vous voulez dire les Jésuites.

M. D'HULST. — Jésuites ou autres, leur droit est le même !

M. VIOX. — Les Jésuites sont expulsés de France !

M. D'HULST. — Je vous suis sur ce terrain. Vous avez expulsé les Jésuites, dites-vous ; comme vous n'avez pas pratiqué jusqu'au bout la doctrine du bloc, comme vous ne les avez pas encore guillotinés, au lieu d'exister à l'état de communauté, ils existent à l'état de dispersion ; mais cela ne les empêche pas de monter en chaire quand l'évêque du diocèse dans lequel ils se trouvent leur en a donné la mission.

Je vous rappelle donc qu'il n'y a pas à distinguer entre un prédicateur et un autre ; car, dans l'Eglise catholique, la hiérarchie est toujours observée et aucun prêtre ne peut monter en chaire s'il n'en a reçu la mission de l'évêque dans le diocèse duquel il se trouve.

Ainsi, après avoir longuement justifié, à son point de vue, l'état d'irritation dans lequel se trouvaient certains auditeurs à cause de ce que M. Chassaing a appelé les provocations du prédicateur, il nous a dit qu'il s'était produit à ce moment une émotion dans l'église, puis que tout le monde était sorti et qu'il ne s'était rien passé de fâcheux. M. Chassaing a tout à fait oublié les scènes de désordre qui ont été décrites par M. Delahaye et qui sont incontestables.

Moi aussi, j'ai pris mes informations; j'ai consulté des témoins oculaires, j'en ai consulté plusieurs, et le prédicateur lui-même; or, je sais qu'il est parfaitement vrai qu'après du bruit, du désordre, qui a duré pendant environ un quart d'heure, il s'est produit une poussée à travers la masse des auditeurs; qu'environ une cinquantaine de perturbateurs se sont frayé un passage en brandissant des chaises, qui n'ont, il est vrai, tué personne, mais qui ont meurtri le front de plusieurs assistants pacifiques, qu'ils ont fini par envahir la chaire, que le prédicateur en est descendu et qu'un jeune homme y est monté pour insulter nos dogmes et nos pratiques chrétiennes. Je crois même qu'il a été suivi par d'autres personnes, ce qui me rappelait le temps de la Commune, où j'ai assisté plusieurs fois [1].

Parfaitement, Messieurs! J'étais alors vicaire dans une paroisse de Paris, celle de Saint-Ambroise, dans le quartier Popincourt. Il m'est arrivé dans ce temps où notre habit était souvent une désignation aux poursuites, — et cependant j'ai continué à le porter dans ma paroisse, — il m'est arrivé, dis-je, de me

---

1. *Bruyantes exclamations à gauche.*

rendre en habit civil dans des églises où se tenaient des clubs et j'ai assisté là à des scènes semblables à celles dont je viens de parler. Mais ceci importe peu à la question.

Il y a donc un premier point que M. Chassaing a passé sous silence : c'est la violation de la chaire, les insultes à nos croyances et à nos pratiques, faites dans les lieux consacrés.

J'arrive au second point que M. Delahaye a signalé, et qui n'est pas davantage contestable. S'il est inexact, que M. Chassaing le dise, et, s'il est vrai, que M. Chassaing ne prétende pas qu'il n'y a pas eu profanation de l'église lorsqu'un groupe de perturbateurs a voulu se frayer, par la violence, un chemin jusqu'à l'autel et n'a été arrêté que par l'énergie de chrétiens convaincus qui se sont écriés : « Vous nous passerez sur le corps avant d'arriver jusqu'à l'autel ! »

La preuve qu'il y avait une intention et une intention préméditée d'insulter à la religion catholique, c'est que plusieurs des personnes dont je parle avaient apporté dans leurs poches des bonnets rouges qu'ils ont arborés au bon moment, comme un signe de ralliement pour les hommes de désordre.

Enfin, je n'ajouterai plus qu'un seul mot sur le point de fait.

M. Chassaing a dit tout à l'heure qu'il n'y avait pas d'anarchistes dans l'église Saint-Merri ; il a ajouté, du reste, à cette affirmation une classification qui lui permet de n'en trouver nulle part. « Il n'y a, dit-il, que des anarchistes policiers et des anarchistes cléricaux. »

Les anarchistes policiers, on en parle beaucoup! et on en parle surtout dans les moments où les anarchistes véritables commencent à se faire redouter. A ces époques d'inquiétude il se trouve toujours des hommes qui ont entraîné les mécontents, qui les ont flattés, qui les ont exaltés, et qui, après cela, affectent de dire que les anarchistes sont des êtres introuvables, qui n'existent que dans les rangs de la police.

Nous avons entendu dire ces choses à la veille des jours les plus mauvais de notre histoire ; c'est là un symptôme, un indice qu'il est intéressant de signaler. La preuve que c'étaient des anarchistes, et non pas seulement des républicains sans épithète qui étaient venus dans l'église avec l'intention d'y porter le trouble, c'est que le journal *La Bataille*, qui se vante hautement d'être un organe anarchiste, a publié à l'avance une convocation aux citoyens dont il est question, et cette convocation était signée : « Le comité révolutionnaire central. » Je ne connais pas cette organisation ; si elle n'est pas une organisation anarchiste, elle s'en rapproche singulièrement.

J'en viens maintenant à la question de droit, qui me touche infiniment plus que la question de fait.

Elle a été posée sur son véritable terrain par M. Chassaing, qui l'a traitée pièces en main. C'est toujours ainsi qu'il faut procéder, et j'en loue mon honorable collègue. Ces pièces, dont il vous a donné lecture, je les ai également sous les yeux. Il y a, d'une part, la convocation du curé de Saint-Merri et, d'autre part, le programme des conférences.

M. Chassaing vous a dit : « Toutes les matières traitées, sous le titre de ces conférences, sont des questions exclusivement politiques et n'ont aucun rapport avec la religion. » C'est bien là la question. Je conviens que, par un côté, ces questions peuvent toucher à la politique; mais... [1]. ces questions, qui par un côté confinent à la politique, touchent par un autre côté de très près aux dogmes et ne font qu'un avec la morale, soit individuelle, soit sociale.

On a dit plusieurs fois, sous forme d'interruption, pendant que M. Delahaye était à la tribune, que la réunion dont il s'agit n'avait aucun rapport avec le culte. Mais le mot « culte » est un terme générique qui n'exprime pas seulement des actes, des prières communes que font les hommes religieux réunis pour honorer la divinité; quand il s'agit du culte catholique, le mot culte embrasse aussi le ministère de la prédication qui est une partie essentielle, la partie principale de la mission de l'Église. Or, Messieurs, la matière de l'enseignement qui fait partie de la mission de l'Église, c'est le dogme et la morale. Eh bien, si je peux vous montrer que ces questions sont essentiellement liées avec la morale, et même font partie de la morale, j'aurai suffisamment justifié le rôle du clergé quand il traite ces questions.

Il faut distinguer, si vous le voulez, la morale individuelle, la morale domestique, et la morale sociale... [2].

Il n'y a qu'une seule morale. Je ne suis pas partisan des deux morales; mais je dis que la morale

---

1. M. LE COMTE DE DOUVILLE-MAILLEFEU : mais... *distinguo*.

M. D'HULST. — Oui, Monsieur, *distinguo*, car lorsqu'on ne distingue pas, on confond.

2. A GAUCHE. — Cela fait trois morales.

M. LOUIS BARTHOU. — M. Nisard n'en avait trouvé que deux.

unique embrasse les devoirs de l'homme individuel, les devoirs de l'homme dans la famille, enfin les devoirs de l'homme dans la société. Eh bien, quand un individu fonde une famille, il est immédiatement saisi par des devoirs nouveaux.

Est-ce que vous allez contester à l'Église catholique le droit d'avoir son enseignement sur le mariage, le droit de dire que le mariage est indissoluble?

Et si le prédicateur catholique ajoute que le mariage étant indissoluble, le divorce civil n'atteint pas le lien véritable du mariage, vous lui reprocherez, vous, de censurer une loi de l'État? Mais je vous répondrais : il a tort s'il attaque la loi explicitement dans ses paroles; mais, s'il enseigne le contraire de ce que dit la loi, parce que cela fait partie de l'enseignement catholique, il est dans son droit et dans son devoir.

Si vous ne voulez pas que jamais l'enseignement de l'Église catholique se trouve en contradiction, même implicitement, avec les lois, vous n'avez qu'à ne pas faire de lois qui la contredisent.

Quand le Concordat a été signé entre Pie VII et le Premier Consul, il y avait déjà près de dix-huit cents ans que le dogme et la morale catholiques étaient fixés. Par conséquent, vous ne pouvez pas dire que nous les avons arrangés exprès pour vous contrarier.

Si donc l'Église catholique reste fidèle à sa doctrine et charge ses ministres de l'enseigner dans son intégrité, elle n'a pas en cela l'intention de contredire ni d'attaquer aucune législation humaine. Mais le prêtre, qui est l'interprète de l'Église, n'a pas le droit de rien changer à la doctrine dont il est le dépositaire. »

Les questions sociales aujourd'hui préoccupent et passionnent tout le monde.

Vous aimeriez bien mieux, sans doute, nous voir demeurer étrangers à ces préoccupations, et, confinés dans nos églises, nous occuper seulement de choses que vous raillez, auxquelles vous ne croyez pas et pour lesquelles vous n'avez que du mépris.

Vous voudriez que, si nous invitons le peuple à venir nous entendre, ce fût seulement pour lui donner ainsi l'occasion de nous prendre en pitié. Mais nous n'avons pas l'intention, nous, de nous prêter à ce calcul. Nous traiterons à leur rang les questions sociales qui se rattachent à la morale, et nous les traiterons en proposant pour ces graves problèmes les solutions que nous croyons trouver, que nous sommes convaincus de trouver dans l'Évangile, dans l'enseignement de l'Église et dans les institutions dont elle a été à travers les siècles l'initiatrice et la patronne.

Le Souverain Pontife Léon XIII n'a pas cru sortir de ses attributions de pontife en traitant, dans un document célèbre et universellement admiré, les grandes questions qui se rattachent à la condition sociale des ouvriers, et il serait vraiment étrange que des ministres de la parole chrétienne ne fussent pas dans leur droit en commentant les enseignements du chef de l'Église.

Si, en développant ces enseignements, ils rencontrent sur leur chemin des objections tirées des doctrines contraires, voulez-vous qu'ils paraissent les ignorer, qu'ils les négligent, s'exposant ainsi à se laisser dire par leurs auditeurs qu'ils ne connaissent pas les questions et qu'ils se décernent un triomphe facile par l'ignorance affectée des difficultés qu'on peut leur opposer?

Non! Messieurs, quand on veut donner un enseignement sérieux, il ne faut pas se borner à exposer les principes que l'on entend faire adopter : il faut encore les confronter avec les doctrines différentes, et contrôler ces doctrines par l'histoire. Et voilà comment le prédicateur peut se trouver amené, par les nécessités mêmes de son sujet, à traiter des questions qui confinent et à l'histoire de France depuis cent ans, et à l'histoire des différentes écoles sociologiques qui se sont fait jour dans le siècle où nous vivons.

Si j'étais ici l'avocat du père Lemoigne et si j'avais à le justifier dans tous les détails de son programme, je pourrais prendre une à une les expressions dont il s'est servi et qui ont soulevé votre animadversion. Mais ce n'est pas du tout mon rôle ; je ne suis pas chargé de défendre un homme : je défends ici le principe, la liberté de la chaire, le droit que nous avons comme prêtres, quand nous en avons reçu la mission légitime, d'instruire le peuple qui vient nous entendre sur toutes les questions connexes avec la morale.

En formulant cette réserve je fais allusion à une partie du programme qui a tout à l'heure soulevé de bruyantes protestations : « Invasion des sophismes allemands parmi nous. — Serons-nous Prussiens ou Français? »

Si l'on sépare la seconde proposition de la première, on se demande, en effet, ce que cette question : « Serons-nous Prussiens ou Français? » vient faire dans une chaire catholique. Mais s'il s'agit du socialisme en tant qu'il est la négation du 7e commandement du Décalogue, en tant qu'il va contre le principe de la propriété individuelle et privée. Il est très permis à celui qui traite cette question de rappeler que c'est là une doctrine d'importation étrangère et de citer les auteurs étrangers de ces doctrines. C'est pourquoi le prédicateur a cru devoir, s'adressant à un auditoire populaire, poser ce dilemme : « Serons-nous Prussiens ou Français? » je ne sais pas, si à sa place, je l'aurais posé, mais ce fait n'a aucune importance.

Je suis tout près d'avoir fini, et j'aurais entièrement terminé si M. Chassaing lui-même, à la fin de son discours, n'avait singulièrement élargi le débat. D'abord, en ce qui concerne les faits qui nous préoccupent, il est venu nous dire : « J'invite le Gouvernement à retirer la parole au prédicateur de l'église Saint-Merri, à empêcher la continuation des conférences, dont il reste encore deux à faire, parce que, s'il ne le fait pas, nous considérerons que la continuation autorisée de ces conférences est une véritable provocation à l'adresse de ceux qui pensent comme nous; et alors je ne réponds pas des conséquences. » Il l'a même dit dans des termes qui font supposer qu'il est tout disposé à s'associer à l'initiative de ceux qui viendront renouveler, dans des proportions plus larges et plus graves, le désordre qui s'est déjà produit.

Je pourrais m'étonner de cette sorte de menace, et puisque M. Chassaing a prononcé plusieurs fois le mot de provocation, je dirai qu'il n'a jamais été mieux appliqué qu'en cette circonstance.

Mais ce n'est pas là ce qui m'occupe. Puisqu'on s'est adressé au Gouvernement, c'est aussi au Gouvernement que je m'adresserai à mon tour, et ce sera pour lui présenter, avec le respect que j'aurai toujours pour les dépositaires du pouvoir, une invitation absolument contraire à celle que lui a adressée M. Chassaing.

Je viens demander à M. le Ministre de l'Intérieur de ne pas permettre qu'à l'occasion de désordres dont le clergé et les catholiques ont été, non pas les instigateurs, mais dans une mesure encore restreinte, il est vrai, mais réelle, les victimes, on vienne, pour nous mettre d'accord et nous assurer la sécurité et la paix, renvoyer dos à dos les initiateurs de désordres et ceux qui en ont souffert, en dépit de cette liberté de la prédication chrétienne qui est garantie par le Concordat et dont, par conséquent, le Gouvernement, continuateur de ceux qui ont signé cette convention, doit être le premier défenseur.

Voilà l'invitation respectueuse que j'adresse à M. le Président du Conseil, ministre de l'intérieur. Je lui demande, par conséquent, de tenir une conduite diamétralement opposée à celle qu'il paraît avoir tenue dans les circonstances précédentes.

Cette conduite passée du Gouvernement, voici comment je l'interprète, car je n'aime pas à incriminer les intentions. Le Gouvernement a pu être averti qu'il se préparait quelques désordres, mais il n'a pas cru à la gravité de ces désordres ; il a supposé que le personnel intérieur de l'église suffirait à avoir raison des perturbateurs et qu'il n'y avait pas lieu de mettre en mouvement les agents de la force publique.

Voilà une interprétation bénigne et qui est pour vous, Messieurs, la preuve de mon intention de ne pas incriminer la pensée secrète du Gouvernement.

Mais cette bonne foi, dont j'accorde très largement le bénéfice à M. le Ministre de l'Intérieur, en tant que chef suprême de la police, si elle pouvait encore exister dans son esprit il y a une demi-heure, ne peut plus subsister maintenant, puisque M. Chassaing nous a prévenus que lui et ses amis ont l'intention d'organiser un désordre beaucoup plus sérieux. Par conséquent, le Gouvernement est pleinement averti; il n'a plus absolument qu'à choisir entre ces deux partis : ou bien étouffer la liberté de la prédication pour mettre les hommes de désordre plus à leur aise, ou mettre les hommes de désordre un peu moins à leur aise pour garantir la liberté de la prédication.

Peut-être ma présence à la tribune pour la première fois vous fera-t-elle accepter mes explications sur un dernier point que M. Chassaing a largement traité.

On n'aime pas la distinction à gauche, je ne sais pas pourquoi.

Messieurs, je suis un peu philosophe de profession, eh bien, je vous garantis que, depuis Aristote jusqu'à Descartes et jusqu'aux philosophes modernes, la distinction est en très bonne renommée, parce que là où l'on distingue on ne confond pas, et qu'il n'y a rien de pire que la confusion... [1].

En dépit de la distinction très fondée que le prédicateur de Saint-Merri avait faite entre la République et la Révolution, M. Chassaing, pendant toute

---

1. LE COMTE DE DOUVILLE-MAILLEFEU. — Nous ne l'aimons pas non plus! Nous sommes d'accord.

M. D'HULST. — J'en suis extrêmement flatté et reconnaissant. (*On rit.*)

la durée de son intéressant discours, a, avec une véritable *affectation*, employé ces deux mots l'un après l'autre; et quand on lui a, de nos bancs, suggéré la distinction, il l'a écartée en disant qu'il ne l'admettait pas, que pour lui la République et la Révolution ne font absolument qu'une seule et même chose.

Et encore M. Chassaing a eu soin de nous faire connaître quel sens avait pour lui ce mot « Révolution ». Ce n'est pas seulement un fait historique, un événement qui a renversé l'ancien régime et inauguré un état de société que nul de nous ne songe à renverser; c'est un corps de doctrines absolument intégral. En sorte que voici la situation dans laquelle on veut placer les catholiques, et c'est ici que j'ai une déclaration à faire.

On dit, d'une part : « La République et la Révolution, c'est la même chose »; d'autre part : « La Révolution est un corps de doctrines ». Donc, si vous acceptez la République, vous êtes obligés d'accepter la Révolution. Or, la République est le gouvernement légal du pays; donc le corps de doctrines que nous groupons sous le nom de Révolution s'impose à vous au nom des lois constitutionnelles.

Ce raisonnement est impeccable. Je suis logicien, et je vous déclare que je n'y trouve pas le plus petit défaut. Seulement, il pèche par la base : c'est la majeure qui est fausse.

C'est cette identification entre la forme républicaine et un corps de doctrines que nous n'acceptons pas, non seulement parce qu'il ne nous convient pas de l'accepter, — et ce serait encore une raison suffisante, — mais parce que nous n'avons pas le droit de l'accepter, parce que notre conscience nous défend de l'accepter.

Notre conscience nous permet parfaitement d'accepter la République ; elle nous interdit d'accepter le corps de doctrines qui est le vôtre et que vous voulez identifier avec la République. Par conséquent, notre conscience nous oblige à maintenir la distinction que vous repousssz, et sur ce terrain nous ne nous entendrons jamais... [1].

Le Gouvernement n'applaudit pas matériellement, mais je crois qu'il ne doit pas partager la satisfaction que vous exprimez, et je vais vous dire pourquoi.

C'est que cette netteté d'attitude qui vous plaît n'entre pas toujours dans le programme des hommes d'action qui ont à diriger la politique ; et je trouve la preuve de ce que j'avance dans un document que j'ai lu avec attention, bien que je ne fisse pas partie du Parlement lorsqu'il a été apporté à cette tribune : c'est la déclaration présentée il y a quelques semaines par le cabinet qui est aujourd'hui sur ces bancs.

Dans cette déclaration, on nous a dit des choses qui étaient pour nous plaire : par exemple, qu'on voulait gouverner pour tout le monde. C'était fort bien. On a ajouté une autre chose qui n'était pas faite pour me

---

1. (*Applaudissements prolongés à gauche.*)

M. D'HULST. — Messieurs, je ne me méprends pas sur le sens de vos applaudissements.

M. LE COMTE DE DOUVILLE-MAILLEFEU. — Ils sont très sincères! Nous n'aimons pas la fourberie et nous saluons votre loyauté !

M. D'HULST. — La loyauté, vous la trouverez toujours chez moi. Seulement, ces applaudissents que vous voulez bien m'adresser, je crois qu'on n'y prend pas part sur les bancs du Gouvernement.

M. OUVRÉ. — Le Gouvernement n'applaudit jamais!

déplaire, mais dans un autre sens, parce que c'était un aveu. On a dit : la République n'est pas seulement pour nous une forme de gouvernement. Le développement naturel de cette pensée était : c'est un corps de doctrines.

Mais le Gouvernement, qui n'a pas la même liberté d'allures que les députés de l'extrême gauche, a reculé devant une formule précise qui aurait été jusqu'au fond de sa pensée. Au lieu de dire : « La République n'est pas seulement une forme de gouvernement, elle est un corps de doctrines », il a dit : « Elle représente l'ensemble d'institutions que nous a légué la Révolution. »

Or, voici le dilemme que je vous pose : ou bien il ne s'agit là que d'institutions politiques, et alors il n'est plus exact de dire que la République est autre chose qu'une forme de Gouvernement, car, si elle ne représente qu'un ensemble d'institutions, elle n'est qu'une forme de gouvernement ; ou bien par institutions on entend des doctrines, et alors je proteste d'abord au nom de la langue française, car « institutions » ne signifie pas « doctrines », et encore au nom de la loyauté, car si l'on veut identifier la République avec des doctrines, on doit le dire et ne pas cacher le mot « doctrines » sous le mot « institutions ».

Nous autres catholiques — c'est par cette déclaration que je termine — nous n'avons pas, en tant que catholiques, d'opposition à la forme républicaine ; mais nous avons une opposition irréductible à l'ensemble de doctrines que vous qualifiez de républicaines et qui n'ont rien de commun avec la République.

Ce sont les lois de la France, dites-vous ; elles pourraient l'être sous une monarchie, comme elles le sont sous la République. Si vous supposez qu'à la place du gouvernement républicain nous avons un gouvernement despotique, un pouvoir césarien, il pourrait s'approprier, et il s'approprierait probablement le corps de doctrines que vous appelez des doctrines républicaines. Donc vous voyez bien que ce ne sont pas des doctrines républicaines. Appelez-les de leur vrai nom : des doctrines qui, en matière de religion, seront positivistes, qui, en matière de sociologie, se rapprocheront plus ou moins — car ce sont des questions de nuances — des doctrines socialistes, mais ne les appelez pas républicaines, car cela n'a aucune espèce de rapport avec la République. Parmi nous, catholiques, il en est qui non seulement n'ont pas de répugnance pour la forme républicaine, mais ont pour elle une certaine complaisance, un certain attrait. Il en est d'autres qui préfèrent une autre forme de gouvernement, qui en regrettent une autre dans le passé, qui en désirent une autre dans l'avenir. Je suis de ceux-là [1], je le dis parce que j'ai promis d'être loyal jusqu'au bout. Seulement je suis absolument décidé et tous mes collègues sont de mon avis... [2].

---

1. *Vives exclamations à gauche.*

2. *Divers membres à droite.* — Mais non !

A gauche. — La droite proteste! Eux aussi, ils font des distinctions !

M. D'HULST. — Je ne les ai pas consultés.

M. PAUL DE CASSAGNAC. — Vous venez de démontrer avec beaucoup d'éloquence qu'aucun catholique ne peut désormais se rallier à la République. (*Exclamations à gauche et au centre.*)

M. D'HULST. — Messieurs, j'ai beaucoup d'admiration

J'aurais déjà fini si vous m'aviez laissé prononcer ma dernière phrase. Je vous disais que même les catholiques qui, comme moi, préfèrent, regrettent et espèrent une autre forme de gouvernement, — s'il y a des exceptions, je le regrette, — même ces catholiques repoussent l'idée de faire appel à l'illégalité ou à la violence pour changer la forme du gouvernement.

Nous ne dépendons que de l'opinion. Il nous est parfaitement loisible d'essayer d'influencer l'opinion dans le sens de nos convictions.

Je reconnais parfaitement que, depuis quinze ans au moins, l'opinion en France s'est manifestée d'une manière assez constante en faveur de la forme républicaine.

Que vous a-t-il donc manqué pour obtenir facilement et promptement une adhésion unanime de tous les Français à la forme de gouvernement qui a vos préférences, et qui a sur plusieurs autres ce mérite? Il vous a manqué une seule chose et qui était cependant bien facile, c'était d'admettre cette distinction que vous repoussez, c'était de dire : La République est une forme de gouvernement, pas autre chose, et nos opinions, nos principes, nos convictions en matière religieuse, politique et sociale, nous chercherons à les faire prévaloir uniquement par la propagande et nous n'essayerons pas de les identifier avec la forme du gouvernemet qui doit être le bien de tout le monde.

Si vous admettiez cette doctrine, il y a déjà long-

---

pour le caractère, le talent, le courage de M. Paul de Cassagnac, mais je répudie toute solidarité avec les paroles qu'il vient de prononcer. (*Bruit.*)

temps que vous auriez obtenu l'adhésion unanime de tous les Français, parce que le gouvernement qui, après un siècle de bouleversements politiques, assurerait à notre cher pays l'unité et la paix matérielle, s'assurerait pour jamais la reconnaissance et la fidélité de tous les enfants de la patrie. Mais, si je considère le passé, je n'ai guère l'espoir que ce rêve se réalise dans l'avenir.

Alors qu'arrivera-t-il? C'est que vous chercherez à nous convertir de force à cette identification que nous repoussons. Vous le ferez. Et savez-vous pourquoi? Parce que, quand nous soutiendrons le droit que nous avons d'annoncer publiquement et partout les principes contraires aux vôtres, vous nous contesterez ce droit. Et si vous avez la prétention d'être les juges de ce qui fait la matière de l'enseignement religieux, *vous rencontrerez de notre part une résistance invincible*; nous irons chercher bien loin, dans les glorieuses annales du christianisme, la parole qui nous servira de réponse, nous la prendrons sur les lèvres de saint Paul et nous vous dirons : La parole de Dieu n'est pas enchaînée : *Verbum Dei non est alligatum*.

Il appartient aux pasteurs de l'Église de recommander à ceux qui annoncent la parole de Dieu dans les temples la prudence et la réserve, mais ils ne voudront jamais séparer cette prudence et cette réserve du devoir qui les presse de remplir jusqu'au bout leur mission d'enseignement et de traiter, par conséquent, toutes les questions qui ont trait à la morale religieuse, aussi bien à la morale sociale qu'à la morale individuelle et domestique.

Ce devoir nous le remplirons sous le couvert de la protection que nous assure le Concordat et que le

Gouvernement nous doit. Si cette protection nous est refusée, après avoir protesté contre cette injustice, nous nous exposerons à tous les inconvénients et à toutes les persécutions qui pourront en être pour nous la conséquence.

Nous souffrirons beaucoup, nous souffrirons longtemps peut-être, mais nous aurons le dernier mot. Si un jour alors c'est la forme du gouvernement elle-même qui succombe aux fautes qu'on aura commises en son nom, ce ne sera pas nous, ce sera vous qui l'aurez tuée.

LA LIBERTÉ DE LA CHAIRE

DEUXIÈME DISCOURS

Au discours précédent, M. Loubet, président du Conseil, avait répondu en même temps qu'aux autres orateurs. Il s'était efforcé d'atténuer les faits rapportés par M. Delahaye et par Mgr d'Hulst; et, chose surprenante de la part d'un chef de gouvernement, il n'avait pas hésité à excuser les perturbateurs du culte, à insinuer que la provocation venait des catholiques, et à menacer de fermer les églises où de pareils troubles se reproduiraient.

C'était donner une espèce de blanc-seing aux fauteurs des désordres de Saint-Merri, et les encourager, en vérité, à renouveler leurs hauts faits. Ils n'y manquèrent pas.

Un scandale analogue à celui de l'église Saint-Merri se produisait, le lendemain même du discours de M. Loubet, à l'église Saint-Joseph, à l'occasion de la quatrième des conférences dialoguées faites dans cette église par les missionnaires diocésains. Une campagne antireligieuse semblait être d'ailleurs organisée. Non seulement dans plusieurs églises de Paris, mais à Nancy, à Beauvais, à Marseille, etc., des manifestations, dans les églises, avaient troublé l'exercice du culte et interrompu les prédications du carême.

Ce sont ces faits qui motivaient la question suivante adressée par Mgr d'Hulst au Ministre de l'Intérieur [1] :

Messieurs, il y aujourd'hui quinze jours, dans la

---

1. Séance du 9 avril 1892.

séance du 26 mars, M. le Président du Conseil, répondant à la question posée par l'honorable M. Delahaye et qui avait été transformée en interpellation, prononçait ces paroles :

« J'ai le ferme espoir qu'il n'y aura plus de provocations ni d'un côté ni de l'autre, qu'il n'y aura plus de protestation violente et de tumulte, parce qu'on n'y donnera pas lieu. S'il se produit, comme on l'annonçait tout à l'heure, des conflits graves dans l'église Saint-Merri ou ailleurs, le ministre de l'intérieur, qui a la garde de la tranquillité publique, prendra les mesures nécessaires et n'hésitera pas à aller jusqu'au bout, jusqu'à la fermeture de l'édifice. »

A ce moment, M. Delahaye s'écriait de sa place : « Après ces paroles vous aurez vingt manifestations ! »

Cette prévision n'a pas tardé à se réaliser. Les paroles que je viens de rappeler étaient prononcées le samedi 26 mars, et le dimanche, 27 mars, avaient lieu dans l'église Saint-Joseph des troubles analogues à ceux qui s'étaient produits dans l'église Saint-Merri.

Je puis même ajouter que ces troubles n'avaient rien d'imprévu ; M. le curé de Saint-Joseph avait reçu plusieurs avis qui les lui annonçaient, et deux de nos honorables collègues, dont je puis citer les noms, MM. de Kergorlay et Desjardins, en sortant de la séance samedi soir, avaient entendu deux messieurs qui descendaient des tribunes, se dire : « Eh ! bien maintenant, nous irons à Saint-Joseph. »

C'était la conclusion naturelle des paroles de M. le Président du Conseil.

Il y eut encore, les jours suivants, des tentatives

de désordre dont je parlerai tout à l'heure ; mais, dès le lundi 28, informé de ce qui s'était passé à Saint-Joseph le 27, l'honorable M. Delahaye demandait à interroger de nouveau M. le Président du Conseil sur les instructions qu'il avait données ou n'avait pas données à la police.

M. le Président du Conseil répondait qu'il n'était pas suffisamment informé sur la réalité et sur la gravité des faits qui s'étaient reproduits à Saint-Joseph.

Vainement M. Delahaye s'efforça-t-il de lui représenter qu'on ne lui demandait pas une enquête sur les faits et qu'on l'interrogeait sur les instructions qu'il avait données et sur les motifs qui les avaient inspirées, l'honorable M. Loubet, Président du Conseil, persista à demander quelques jours pour compléter ses informations.

Dans l'intervalle, M. Delahaye dut s'absenter. Alors, l'honorable M. de Baudry d'Asson alla trouver M. le Président du Conseil pour se substituer à M. Delahaye et poser la même question. M. le Président du Conseil demanda un nouveau délai. A l'expiration de ce nouveau délai, M. de Baudry d'Asson me céda la mission qu'il avait eu d'abord l'intention de remplir.

C'est cette mission que je viens remplir à mon tour aujourd'hui, après bien des retards dont je ne porte pas la responsabilité.

L'objet de ma question est parfaitement circonscrit ; je ne toucherai aux faits, aux événements qui ont eu lieu, que dans la mesure où cela sera strictement nécessaire pour motiver mon interrogation.

Cette interrogation porte sur un double objet. Je demande à M. le Ministre de l'Intérieur s'il est vrai, comme je crois en avoir la preuve, qu'il ait donné, au moins dans les commencements, — car il se peut que depuis les instructions aient été modifiées — s'il est vrai, dis-je, que, dans les commencements de cette période de troubles, il ait donné aux agents de la police des instructions générales leur recommandant de maintenir l'ordre à l'extérieur, dans la rue, mais de ne pas intervenir dans l'intérieur des églises, même à la demande du clergé.

A supposer que ces instructions aient été données, comme je crois en avoir la preuve, ma question est celle-ci : Pourquoi M. le Président du Conseil a-t-il donné ces instructions ? par quels principes juridiques ou administratifs peut-il les justifier ?

J'ai dit que je serais très sobre dans l'exposé des faits, je ne puis cependant les passer entièrement sous silence. Donc, le lendemain de l'interpellation du 26 mars, devait avoir lieu et avait lieu, en effet, à l'église Saint-Joseph une prédication. J'aurai tout à l'heure à m'expliquer nettement sur la forme de cette prédication, sur la matière qui y fût traitée et sur le mode employé pour les convocations ; pour le moment, je me borne à rappeler que la prédication fut interrompue, après l'exorde, par un tumulte dont le signal fut donné par un coup de sifflet, bientôt suivi de deux autres, ce qui prouve qu'il y avait entente préalable.

Le désordre prit aussitôt des proportions assez considérables. Quelques-uns des perturbateurs voulurent se frayer un chemin jusqu'à la chaire et, pour s'ouvrir un passage, ils se munirent de cette arme nouvelle qui est celle, maintenant, des perturbateurs dans les églises : ils prirent des chaises, et, frappant d'estoc et de taille, ils arrivèrent jusqu'à la chaire.

Le prédicateur resta dans la chaire, il refusa de céder la place à ces apôtres d'un nouveau genre et il parlementa avec eux. Le curé cependant envoya à l'officier de paix qui était sur la place, une demande écrite et signée de lui, sollicitant l'envoi d'agents à l'intérieur de l'église pour rétablir l'ordre.

Au bout d'un moment, un agent vint porter la réponse verbale de l'officier de paix. Cette réponse verbale telle que je l'ai recueillie à trois reprises différentes de la bouche du curé de Saint-Joseph, était celle-ci : « Nous ne pouvons pas, en vertu des ordres que nous avons reçus, envoyer des agents dans l'église, soit pour rétablir l'ordre, soit pour opérer des arrestations ; tout ce que je pourrai faire, — et je vais le faire, — ce sera d'envoyer un brigadier de sergents de ville, qui ira à l'entrée de l'église, sous l'orgue, appellera les perturbateurs et les invitera à sortir de l'église. »

C'est, en effet, ce qui s'est passé, Messieurs. Le brigadier s'est présenté au seuil de l'église et il a dit équivalemment : « Qui m'aime me suive ! »

On ne l'a pas suivi, peut-être parce qu'on ne l'aimait pas ; et cependant le pauvre homme méritait probablement d'être aimé.

Le désordre dura une heure un quart ; on ne put se débarrasser des perturbateurs qu'en employant ce remède qui tend aujourd'hui à se généraliser, auquel il faut bien recourir, puisqu'il n'y en a pas d'autre ! On prit le parti d'éteindre le gaz.

Le lendemain devait commencer dans cette même église de Saint-Joseph une retraite pascale pour les jeunes filles. Dans la journée du lundi, M. le curé de Saint-Joseph fut appelé chez le préfet de police. Celui-ci lui demanda d'abord certains dé ails sur la réunion de la veille. Il lui donna ensuite un bon conseil.

Ce bon conseil soulignait précisément les instructions du Ministre de l'intérieur qui font l'objet de ma question.

M. le préfet de police lui dit : Monsieur le Curé, je crois savoir que vous devez commencer ce soir, dans votre église, des réunions qui dureront toute la semaine, pour les jeunes filles de votre paroisse. Je vous avertis que des hommes de désordre ont l'intention de descendre de Ménilmontant et de Belleville... [1].

Messieurs, je n'ai point de mal à dire des habitants de Ménilmontant. J'ai vécu longtemps au milieu d'eux, j'ai exercé mon ministère dans ce quartier et j'en ai conservé un excellent souvenir; mais il peut y avoir des hommes de désordre là comme partout.

Aussi bien, je ne fais que répéter les paroles du préfet de police; je n'invente rien. Le préfet de police dit à M. le curé de Saint-Joseph : Il doit descendre des hommes de désordre de ces deux quartiers. Il pourra se passer ce soir à Saint-Joseph des choses extrêmement regrettables, et je vous préviens que nous ne pourrons pas intervenir dans l'intérieur de l'église à cause des instructions que nous avons reçues. Par conséquent, je vous conseille de supprimer cette réunion.

Et le curé de Saint-Joseph, sentant très bien la gravité de ce qui pouvait survenir, a supprimé la réunion du lundi et aussi celles des jours suivants.

---

1. *Exclamations ironiques à gauche.*

Les menaces n'étaient pas vaines : car les perturbateurs annoncés ont été fidèles au rendez-vous, et, trouvant l'église fermée, ils ont manifesté leur mécontentement de toutes sortes de manières, ayant stationné depuis huit heures jusqu'à près de minuit sur la place de l'église.

Le mardi devait avoir lieu à Saint-Merri la réunion habituelle, et à Saint-Ambroise devait être faite une prédication. On a contremandé l'une et l'autre pour les mêmes motifs, et les perturbateurs ont été pareillement frustrés. Le mercredi devait avoir lieu une prédication à Saint-Marcel de la Maison-Blanche; des désordres étaient annoncés. Les désordres n'ont pas eu lieu, parce que la réunion a été supprimée.

A Notre-Dame de Lorette, devait avoir lieu, le jeudi 31 mars, une prédication absolument étrangère non seulement à la politique, mais aux questions sociales. On devait y parler du devoir pascal, et, dans les réunions précédentes, on y avait parlé de l'existence de Dieu, de la nature de l'homme et des vertus chrétiennes.

Enfin, Messieurs, vous avez tous appris par la voie des journaux que cette campagne de désordre dans les églises n'a pas été limitée à Paris. Des troubles analogues se sont produits à Marseille, à Nancy et à Beauvais, sans préjudice d'autres localités où les mêmes faits ont pu se passer, — mais je n'en ai pas connaissance.

Les désordres qui ont eu lieu à Nancy empruntaient un caractère particulier de gravité à cette circonstance que le prédicateur interrompu et gravement outragé était l'évêque même du diocèse [1], prélat

1. Mgr Turinaz.

populaire, très aimé des ouvriers, vivant en très bons termes avec les autorités civiles et l'un de ceux qui ont travaillé à faire prévaloir la politique de conciliation inaugurée par le Souverain Pontife.

Messieurs, je n'ai pas de renseignements qui me soient absolument personnels sur l'attitude de la police lors des événements qui se sont passés à Paris, à Nancy et à Beauvais.

Je crois savoir et je sais même qu'à Nancy le clergé n'a pas requis expressément la police, mais que la police a été informée, qu'elle a tout vu de la place de la Cathédrale et qu'elle n'est pas intervenue.

A Beauvais, elle n'est pas intervenue davantage.

A Paris, non seulement elle n'est pas intervenue, mais elle a été requise tantôt de vive de voix, tantôt par écrit, et elle a opposé à ces réquisitions des instructions supérieures, des instructions générales limitant son action à l'extérieur et lui interdisant l'intervention à l'intérieur des églises.

Eh bien, Messieurs, je viens demander à M. le Ministre de l'Intérieur, d'abord si ses subordonnés ont dépassé ou trahi ses instructions en alléguant le défaut d'instructions ou même des ordres contraires pour ne pas pénétrer dans les églises à la requête du clergé. Je lui demanderai ensuite, à supposer que ses agents aient bien reçu les instructions qu'ils allèguent, comment elles peuvent être justifiées?

Serait-ce au nom des principes juridiques? Je remercierai en premier lieu M. le Président du Conseil d'avoir reconnu explicitement, dans son discours du 26 mars, le droit que la loi confère au clergé de garder la police des églises. Ce droit, en effet, n'est pas contestable : Il est contenu en principe dans l'article 9 de la loi du 18 germinal an X; il a été explicitement affirmé par une décision du 26 pluviôse au XIII.

Et cette jurisprudence n'a pas cessé d'être respectée à travers tout le développement des actes législatifs et administratifs qui régissent la matière. Elle a même été confirmée par les exceptions qui ont été introduites. Ainsi, quand la législation est intervenue pour déterminer à qui appartient la sonnerie des cloches, le droit de pénétrer dans le clocher, et a conféré un droit exceptionnel à l'autorité municipale sur certaines dépendances de l'église, sur le clocher, sur les cloches, par le fait même que ces dispositions étaient présentées et introduites avec un caractère d'exception, la règle était confirmée.

Cependant, il n'a jamais été admis que ce droit, qui appartient au clergé, de diriger la police dans les églises le privât de cet autre droit qui consiste à pouvoir appeler à son secours la force publique, lorsqu'il ne dispose pas par lui-même et par les agents qui sont à son service des moyens suffisants pour rétablir l'ordre, pour assurer le respect du temple et la sécurité des personnes qui s'y trouvent.

Je puis vous citer deux ou trois lignes d'un document qui a son intérêt. Il n'a pas été inventé pour les besoins de la cause, car il date de 1835. C'est une consultation juridique, signée de noms qui font autorité et parmi lesquels je relève ceux de Berryer, d'Odilon Barrot et de Dupin. Il est dit dans cette consultation :

« Lorsqu'un curé s'aperçoit qu'il est causé quelque trouble, qu'il est commis quelque action inconvenante dans son église, il doit employer d'abord les avertissements et les exhortations pour les faire cesser; s'il ne parvient pas à réussir par ces moyens, il doit appeler le suisse, le bedeau, le sacristain, les divers serviteurs de l'église pour faire expulser l'individu qui occasionne le trouble. Les fidèles peuvent même être appelés à prêter leur assistance et leur concours. Si les circonstances offrent une plus grande gravité, le curé doit alors faire prévenir le maire, les officiers de police, appeler la force publique chargée de veiller au maintien de l'ordre, à la conservation de la tranquillité et à la protection de tous les citoyens. »

Enfin la loi municipale du 5 avril 1884, dans son article 97, mentionne les églises parmi les lieux publics où la police a le droit et le devoir de pénétrer en cas de troubles. On pourrait plutôt se plaindre que, dans le libellé de cet article, on n'ait pas suffisamment réservé le privilège du clergé à l'égard de la police des églises; mais le droit qu'a la force publique d'y pénétrer au moins pour y prêter main-forte est explicitement consacré.

Par conséquent, si les instructions dont je me plains ont été réellement données, on ne peut pas les justifier par aucun principe juridique. Il ne reste plus alors qu'à les justifier, si l'on peut, par des considérations de fait.

Ces considérations de fait, on a été les chercher de trois côtés différents. On a dit : La police ne devait pas intervenir pour protéger le clergé et les fidèles à l'occasion des prédications qui ont été troublées, d'abord à cause du sujet traité, ensuite à cause du mode adopté pour les convocations, enfin à cause de la forme donnée dans certaines églises aux prédications elles-mêmes.

Je vais discuter très brièvement ces trois prétextes. Mais permettez-moi tout d'abord, Messieurs, de les écarter, car je trouve véritablement étrange qu'on les introduise quand il s'agit d'expliquer pourquoi l'ordre a pu être impunément troublé dans les temples.

Je trouve étrange -- et je me sers d'une expression bien modérée — qu'on ose invoquer ce prétexte de provocations pour expliquer comment on a pu violer inpunément l'ordre dans les églises.

Je veux vous accorder pour un moment que ces provocations purement morales aient pu exister à un degré quelconque; qu'en résulterait-il? C'est que ceux qui s'en seraient rendus coupables devraient en rendre compte à la justice...

Le Président de la Chambre interrompit ici l'orateur pour lui faire observer que le règlement ne permet pas de discuter le fond de la question, mais prescrit de la poser simplement. Se conformant immédiatement à ces indications, Mgr d'Hulst conclut ainsi son discours :

Je termine donc, me réservant d'intervenir sous forme de réponse à M. le Ministre, ou bien si — ce que je ne demande en aucune façon — la question est transformée en interpellation, de parler à mon tour.

Je me permets simplement de dire ceci : Je trouve singulier qu'on vienne alléguer le prétexte de provocation pour justifier le défaut de protection des personnes dans les temples. C'est à la justice de demander compte aux auteurs des provocations de celles qu'ils ont pu commettre ou qu'ils sont censés avoir commises.

Mais quand l'ordre matériel est troublé, le premier devoir du Gouvernement est de mettre la force publique au service de ceux qui sont molestés, afin de rétablir l'ordre. C'est ce devoir qui a été méconnu ; c'est la méconnaissance de ce devoir qui a donné de *l'extension aux troubles. Et les choses auraient été* beaucoup plus loin si le clergé, dans une pensée de conciliation et de prudence, n'avait pas fermé les temples.

Seulement, Messieurs, je vous ferai remarquer que, par suite des encouragements donnés par votre ordre du jour du samedi 26 mars aux perturbateurs, il n'a pas tenu à ceux-ci que les prédications du Carême ne fussent rendues presque partout impossibles dans Paris.

Je prononce mon dernier mot :

M. le Président du conseil vous a dit, le 26 mars, que si de nouveaux troubles se produisaient dans les églises, il irait au besoin jusqu'à les fermer. De nouveaux troubles ont eu lieu et M. le Ministre n'a pas eu à fermer les églises, parce que ce sont les prêtres qui l'ont fait.

Je viens vous demander si la continuation de votre politique doit avoir pour effet de charger les prêtres de fermer les temples.

Il était difficile au Président du conseil, ministre de l'intérieur, de se dérober à une question si nettement posée. M. Loubet ne nia pas en principe la thèse du député de Brest, mais il assura n'avoir jamais donné des instructions dans le sens de celles qu'on venait de citer. Il se défendit enfin d'avoir pu provoquer, par ses paroles *d'il y a quinze jours, les troubles qui avaient éclaté* précisément le lendemain.

« Vous n'avez assurément pas voulu les provoquer, lui répondit avec quelque ironie Mgr d'Hulst, mais vous les avez provoqués sans le savoir et sans le vouloir. »

De nouveau, Mgr d'Hulst monta à la tribune pour adresser cette réplique au Ministre :

Messieurs, je remercie tout d'abord M. le Président du conseil d'une partie de ce qu'il a dit.

M. le Président du conseil a déclaré qu'il n'avait pas donné les instructions que, selon mes informations, les agents de police ont reçues. J'en conclus qu'il n'a pas davantage l'intention de les donner à l'avenir, qu'il a même l'intention d'en donner de contraires, ce qui sera pour nous une sauvegarde ; et de cela je le remercie.

Maintenant, comment expliquer cette contradiction flagrante qui existe entre les informations de M. le Président du conseil et les miennes, touchant le passé ?

Mon Dieu ! Messieurs, cela s'explique facilement. M. le Président du conseil, qui n'était pas dans les églises où ont eu lieu ces désordres, s'est informé, comme le fait toujours un chef de gouvernement, auprès de ses subordonnés, et ceux-ci lui ont répondu ce qu'ils ont cru devoir lui répondre.

Moi, je me suis adressé aux témoins oculaires. Remarquez que les agents de police n'étaient pas des témoins oculaires, puisqu'ils étaient restés en dehors de l'église. Je me suis adressé au curé, au prédicateur, à des laïques qui étaient dans l'église, et tous ces témoignages divers, indépendants, ont été d'une concordance parfaite.

Le brigadier, ou l'officier de paix dont on vient de parler tout à l'heure, s'est présenté au seuil de l'église.

On dit qu'il avait eu de la peine à y pénétrer,

mais il n'a pas essayé d'aller bien loin. Il est resté sous l'orgue et il a crié de toutes ses forces pour inviter les perturbateurs à cesser le désordre.

Voilà des renseignements incontestables. Je comprends que M. le Président du conseil en ait recueilli d'autres, mais les miens sont de telle nature qu'en justice ils ne pourront pas être contestés, et je les maintiens absolument.

En second lieu, M. le Président du conseil s'est justifié du reproche que je me permettais de lui adresser, d'avoir indirectement, par ses paroles de l'autre jour, encouragé les désordres.

Il n'est jamais entré dans ma pensée de prêter à M. le Président du conseil l'intention d'encourager de pareils désordres. Je sais qu'il les réprouve et les condamne, mais je maintiens qu'il a été malheureusement inspiré dans le choix de ses expressions l'autre jour, et qu'il n'a pas été plus heureusement inspiré tout à l'heure quand il a affirmé qu'il n'en regrettait rien.

Ce qui est souverainement regrettable dans le langage de M. le Président du conseil, c'est qu'il mêle deux questions qui devraient être soigneusement séparées.

Je n'aurai pas la moindre peine, ni le moindre embarras à m'expliquer sur ce terrain où tout à l'heure l'honorable M. Loubet semblait m'inviter à descendre avec lui ; j'y descendrai s'il le faut, — je ne provoque personne, je ne recule devant personne, — mais je maintiens que mêler ensemble ces deux questions, les provocations reprochées au clergé et les désordres matériels causés par les perturbateurs dans l'intérieur des temples, c'est donner, sans le vouloir peut-être, mais d'une façon trop efficace, un encouragement aux hommes de désordre. C'est en quelque manière dire d'avance aux prédicateurs paisibles et aux interrupteurs violents : Nous vous renvoyons dos à dos... [1].

Je sais bien que c'est là ce qui est au fond de vos cœurs ; vous les renvoyez dos à dos, et, si vous avez des préférences, c'est pour les hommes de désordre contre le clergé.

M. le Président du conseil ne va pas si loin que vous. Je crois même qu'il aurait plutôt des préférences d'estime pour le prêtre honorable qui se permettrait dans un excès de zèle quelques exagérations de langage sur l'homme violent qui vient casser des chaises sur le dos de son voisin.

Mais, quelles que soient les préférences cachées dans la conscience et dans le cœur de M. le Président du conseil, il ne les a pas assez manifestées ; il a institué, par sa manière de parler, une sorte d'équivalence de situation entre les uns et les autres.

Ce langage n'a pas été perdu pour tout le monde, et j'estime, une fois de plus, que les désordres qui ont suivi ont été la conséquence, non voulue, mais trop efficace et véritablement inévitable, des paroles que M. le Ministre a prononcées.

---

1. PLUSIEURS MEMBRES A GAUCHE. — C'est ce qu'il y a de mieux à faire.

LA LIBERTÉ DE LA CHAIRE

TROISIÈME DISCOURS

Si modérées, si courtoises même qu'eussent été — dans la forme — la question et la réplique du député de Brest, elles eurent le don d'exaspérer la partie antireligieuse de la Chambre.

Un député républicain de la Lozère, M. Jourdan, demanda à transformer la question en interpellation, pendant que, de son côté, M. Chassaing demandait à interpeller le Gouvernement sur « la politique qu'il compte suivre en présence des menées cléricales ».

M. Jourdan insistait, car, selon son expression, il s'agissait « d'une question aussi brûlante que toute autre ». La question brûlante dont le député de la Lozère était si pressé d'entretenir ses collègues était une lettre de Mgr Baptifolier, évêque de Mende, aux curés de son diocèse, à l'occasion des prochaines élections municipales.

Ce fut M. Ricard, garde des sceaux, ministre de la justice et des cultes, qui répondit à M. Jourdan.

Aux applaudissements unanimes de toute la gauche, le Ministre déclara que le Gouvernement était résolu à ne pas tolérer les manifestations du genre de celle que venait de se permettre l'évêque de Mende, dont le traitement était supprimé, et qui était cité comme d'abus devant le Conseil d'État. Il déclarait, en outre, que le ministère exigerait du clergé l'exécution des lois, de toutes les lois.

La Chambre, rassurée sans doute et enthousiasmée par ce

discours plein de récriminations et de menaces à l'égard du clergé, allait en voter l'affichage; mais, auparavant, Mgr d'Hulst voulut intervenir, une fois encore, dans ce débat, pour répondre à la partie du discours du garde des sceaux qui se référait à sa question :

Messieurs, tout à l'heure j'ai entendu un de nos honorables collègues échanger quelques observations avec M. le président au sujet d'une demande possible d'affichage du discours de M. le garde des sceaux.

Pour ma part, cet affichage je le voterais, si je ne trouvais que ce soit une dépense inutile; si vous êtes disposés à prendre la responsabilité de cet emploi des deniers publics, j'en serai enchanté. Je crois qu'en effet ce sera instructif pour tout le monde.

Pendant la première partie — et la plus longue — du discours de M. le garde des sceaux, je me suis un peu étonné de voir qu'il répondait, non plus à ma question transformée en interpellation, mais aux observations de l'honorable M. Jourdan, c'est-à-dire précisément à la demande d'interpellation plus générale déposée par M. Chassaing et qui a été ajournée.

Si, en effet, M. Jourdan voulait simplement transformer ma question en interpellation, je ne vois pas pourquoi il a fait porter toutes ses observations sur ce qui s'est passé dans la Lozère.

Nous nous sommes ainsi trouvés entraînés à discuter précisément l'interpellation qu'on venait d'ajourner et à laisser de côté celle à laquelle on avait donné la priorité. Je suis donc obligé de rentrer dans mon thème. Le jour où l'on discutera l'interpellation de M. Chassaing, je ne serai pas embarrassé pour suivre mes honorables contradicteurs sur tous les terrains où ils voudront nous appeler, aussi bien dans la Lozère qu'ailleurs.

Je dois avant tout répondre à la seconde partie du discours de M. le garde des sceaux, puisque j'y ai été mis personnellement en cause. J'ai questionné le Gouvernement sur les faits qui se sont passés à Paris. J'ai dit et je repète que, si des troubles et des désordres graves ne se sont pas produits dans plusieurs églises tous les soirs, et quelquefois dans deux endroits le même soir, après les troubles de Saint-Joseph, il fallait en faire honneur à la prudence et aux mesures spontanées de précautions prises par MM. les curés de Paris.

M. le garde des sceaux a contesté cette affirmation en m'interpellant personnellement.

Il s'est passé, le 30 mars, a-t-il dit, un fait que M. d'Hulst ne doit pas ignorer; peut-être a-t-il le document dans sa serviette, mais je l'ai dans ma mémoire. Je connais parfaitement la lettre de M. le garde des sceaux à Mgr le cardinal archevêque de Paris et la réponse du cardinal à M. le garde des sceaux. La lettre du garde des sceaux est, en effet, du 30 mars, et la réponse du cardinal est du 31.

Or, Messieurs, c'est le 28 au soir que M. le curé de Saint-Joseph a fermé son église; c'est le 29 au soir que M. le curé de Saint-Ambroise et que M. le curé de Saint-Merri ont fermé leurs églises, c'est le 30 au soir que M. le curé de Saint-Marcel de la Maison-Blanche a fermé son église.

Vous voyez, par conséquent, que l'invitation de M. le garde des sceaux et les instructions qui auraient pu en être la conséquence, de la part de l'archevêque de Paris, ne sont pour rien dans les mesures de prudence qui ont été prises les jours précédents ou le jour même où M. le garde des sceaux écrivait sa lettre.

Je ne veux pas dire par là que les conseils autorisés et toujours respectés du cardinal archevêque de Paris n'aient pas influencé la conduite des curés, mais ce n'étaient que des avis officieux échangés entre l'autorité diocésaine et ses subordonnés; ce n'était pas le résultat d'une invitation officielle de l'archevêque et moins encore de l'intervention du Gouvernement.

Il reste donc établi que, si l'on avait attendu cette intervention pour se mettre en garde, il se serait produit des désordres graves les 28, 29 et 30 mars, avant qu'aucune protection eût pu nous être accordée. Les manifestations des perturbateurs devant les églises fermées en font foi.

Puisque le débat a été élargi, je suis dans mon droit maintenant en reprenant les observations que j'ai ajournées tout à l'heure, quand je formulais une simple question.

J'ai reproché au Gouvernement de mêler deux choses qui doivent être soigneusement séparées, et M. le garde des sceaux est venu, il n'y a qu'un instant, réitérer et aggraver par son langage la confusion que je reprochais à M. le ministre de l'intérieur.

M. le garde des sceaux, à propos des troubles qui ont eu lieu dans les églises, est venu se plaindre de l'attitude générale du clergé, et par là même il semblait, implicitement du moins, comme l'avait fait M. le ministre de l'intérieur, mais avec un accent moins pacifique, faire entendre à ceux qui veulent troubler l'ordre dans les églises que, sans doute, ils ont tort, mais que les curés sont également répréhensibles et que, les torts étant ainsi partagés, il convient de ne pas pousser trop loin la répression des uns avant qu'on ait pu faire justice des autres.

Je reviens à mon argumentation, et je dis que c'est là une théorie de gouvernement absolument inacceptable.

Je vais vous accorder pour un moment qu'il y ait quelque chose de fondé dans les griefs que vous faites valoir, bien que je sois absolument convaincu du contraire, et tout à l'heure je le démontrerai.

Quand cela serait, quand même un prédicateur aurait eu le tort de sortir du domaine dans lequel il doit se maintenir, qu'en résulterait-il ? Que le gouvernement serait en droit de le poursuivre ? Peut-être. Mais il ne s'ensuivrait en aucun cas que tout citoyen eût le droit de venir dans l'église se charger de réprimer l'abus en employant la violence et cela au détriment, non seulement du respect dû au temple, mais de la sécurité des personnes.

L'ordre matériel doit être sauvegardé avant toute chose ; un gouvernement qui le laisse troubler, sous prétexte que ceux contre lesquels il est troublé peuvent avoir prêté à la critique, abdique sa fonction principale, son devoir le plus sacré ; pour tout dire en un mot, c'est un gouvernement qui ne sert plus à rien.

Je voudrais bien voir, Messieurs, quelle serait votre impression, si cette étrange théorie était appliquée en d'autres matières, si, toutes les fois que des violences sont commises contre une personne, les auteurs de ces violences pouvaient espérer l'impunité, ou du moins la mollesse, la lenteur dans la répression, sous prétexte que celui qui a été assailli et frappé, s'était par avance donné quelques torts.

Le jour, je le répète, où cette théorie viendra à prévaloir, nous sortirons de l'état de civilisation pour rentrer dans l'état sauvage, où chacun doit pourvoir à sa propre sécurité.

Ceci dit, Messieurs, pour vous rappeler les véritables principes qui doivent diriger le Gouvernement dans le maintien de la sécurité et de l'ordre matériel, je m'empresse de retirer les concessions provisoires que je vous ai faites il n'y a qu'un instant.

Je vous ai dit : quand il y aurait eu provocation de la part du clergé, vous n'en étiez pas moins étroitement obligés de maintenir l'ordre, de réprimer les troubles sans délai, sauf à instruire judiciairement contre ceux qui auraient eu des écarts de langage ou de conduite à se reprocher. Mais je n'accepte pas ces reproches et je vais les discuter brièvement.

Comme je l'indiquais tout à l'heure en posant ma question, tous ceux qui ont parlé ou écrit sur les désordres survenus dans les églises, et qui ont pris parti contre le clergé ont groupé sous trois chefs les reproches qu'ils lui adressent.

Ils ont dit : Ou bien les prédicateurs sont sortis du domaine religieux, ont cessé, comme le disait l'honorable M. Jourdan, de prêcher l'Évangile pour parler sur des matières politiques; ou bien : Il y a eu quelque chose d'insolite et de provocant dans le mode employé pour convoquer les auditeurs; ou enfin : Il y a eu quelque chose d'insolite et de provocant dans la forme donnée aux prédications.

C'est à ces trois chefs que se réduisent les reproches qui ont été adressés au clergé et dont on s'est prévalu pour excuser par avance les violences dirigées contre lui...[1]

Je dis qu'à Paris, dans l'église Saint-Merri, et là seulement, on a traité non pas des questions politiques, mais des questions sociales.

J'appelle questions politiques, par exemple, la critique des actes ou de la forme du Gouvernement, et j'appelle questions sociales des théories sur la propriété, sur l'association, sur la mutualité.

Ces questions d'ordre social ne sont pas nouvellement traitées dans la chaire. Si vous aviez pris la peine d'étudier les précédents, vous auriez vu que dans des temps bien différents des nôtres on s'en occupait : que le Père Lacordaire en a parlé à Paris en 1848, et à Toulouse en 1854 ; que le Père Félix en a parlé en 1859, qu'il en a parlé, à diverses époques, dans ses conférences sur le progrès par le christianisme, sans que jamais personne ait vu là une provocation. Mais ce sont là des discussions rétrospectives. On a épuisé le sujet, l'autre jour, le 26 mars, à propos des incidents de Saint-Merri. La question est vidée. Vous avez vos opinions ; nous gardons les nôtres.

---

1. M. GEORGES TROUILLOT. — Et la critique des lois, défendue par le code pénal.

M. D'HULST. — La critique des lois ? Je suis absolument prêt à vous répondre sur ce point ; je le ferai quand nous discuterons les affaires de Mende. Je n'en parlerai pas à propos des affaires de Paris, parce que dans aucune église de Paris on n'a critiqué les lois.

M. GEORGES TROUILLOT. — Je crois que c'est la question.

M. D'HULST. — C'est la question que vous posez, mais ce n'est pas celle que je discute, et je suis maître de diriger mon argumentation.

J'affirme et je puis prouver que, dans les églises de Paris où des désordres ont eu lieu depuis le 26 mars ou dans celles où les désordres n'ont pu être évités que par la fermeture même du temple, il ne s'agissait pas de ces questions sociales; il s'agissait de questions purement religieuses, ainsi que le prouvent les programmes et les affiches. Je vous ai cité tout à l'heure quelques-uns de ces sujets. A Saint-Joseph, au moment où s'est produit le désordre, le prédicateur parlait de la souffrance. Il disait que la souffrance est inévitable dans ce monde et que la religion s'applique à la consoler.

Puis, il a posé cette objection : Aujourd'hui, beaucoup de personnes disent qu'au lieu de consoler la souffrance, l'Église ferait mieux de travailler à la supprimer. Et, au moment même où il allait essayer d'y répondre, le désordre éclata.

Je vous ai cité les autres sujets qui devaient être traités dans les autres églises et qui avaient trait à la nature de Dieu, à la nature de l'homme et au devoir pascal. Il ne s'agissait donc pas, par conséquent, de questions sociales.

Donc, le premier grief doit être absolument écarté, et s'il était le seul qu'on pût invoquer pour justifier le défaut de protection dont je me plains, on serait absolument sans excuse.

Le second grief porte sur le mode particulier, et, dit-on, insolite et provocant qui a été adopté dans certaines églises pour attirer les auditeurs. Ce mode consiste à faire imprimer des lettres d'invitation contenant l'indication du programme et à les distribuer très largement dans toute l'étendue d'un quartier, d'un arrondissement.

Vous me demanderez comment il se fait que des personnes notoirement hostiles à la religion reçoivent ces lettres d'invitation. Messieurs, c'est très simple : c'est parce que le clergé se considère comme débiteur de la parole de Dieu à tout le monde, et qu'il ne lui suffit pas de s'adresser à ceux qui sont ses auditeurs habituels; il a la très légitime ambition d'étendre le cercle de son action et d'arriver à convaincre ceux qui, jusque-là, lui ont refusé leur adhésion. C'est là l'essence même de l'apostolat, c'est l'exercice nécessaire de la mission du prêtre.

Il est arrivé que dans certaines églises, faute d'autre moyen pour se procurer les adresses de tous ceux qu'on voulait atteindre, on a usé du droit qui appartient à tout citoyen de se rendre à la mairie et d'y relever les noms des électeurs de l'arrondissement : on a composé ainsi des listes de convocation et on a envoyé à toutes les personnes inscrites sur ces listes l'invitation dont je viens de parler. Il est manifeste que ceux qui n'ont pas l'intention d'écouter avec respect la parole du prédicateur n'ont qu'une chose à faire, en recevant l'invitation, c'est de la chiffonner et de la mettre au panier. Il m'arrive, à moi, de recevoir des invitations qui me sont envoyées pour assister à des réunions auxquelles je ne veux pas me rendre, et où il serait fort étrange que je me rendisse, parce que ce ne serait pas ma place. Ainsi devraient faire ceux qui ne veulent pas écouter la parole du prêtre. Le fait de leur avoir adressé une de ces lettres ne saurait constituer à aucun titre une provocation.

Vous me permettrez de vous faire remarquer, en passant, que ce mode, que vous appelez insolite, d'inviter à l'église est devenu précisément une nécessité dans certains cas, depuis l'application des lois scolaires dont on a parlé tout à l'heure. Ainsi, pour réunir les enfants au catéchisme, nous avions autrefois, sous l'empire de la loi de 1850, un moyen bien simple : toutes les écoles, aussi bien les écoles publiques que les écoles privées, les écoles laïques que les écoles congréganistes, étaient soumises à l'obligation de l'enseignement religieux. Le prêtre chargé de l'instruction religieuse des enfants avait le droit de demander aux directeurs des écoles la liste des enfants en âge de catéchisme : on possédait alors un moyen de convoquer tous ces enfants.

Aujourd'hui, par suite de la laïcisation de l'enseignement, nous sommes obligés d'employer toutes sortes d'industries pour recruter les enfants, pour faire parvenir à leurs parents la connaissance même des réunions religieuses où ils pourront être instruits.

Eh bien, il est arrivé que des curés de paroisse ont pris ce moyen d'adresser une invitation à tous les électeurs inscrits sur la liste de la mairie. Si, en agissant ainsi, ils ont fait acte de zèle, ils n'ont provoqué personne. En recevant cette invitation, ceux qui ne voulaient pas envoyer leurs enfants au catéchisme ne les y envoyaient pas, mais ceux qui les y envoyaient étaient obligés de respecter l'église et ils la respectaient.

Le second grief résultant du mode de convocation n'a donc pas plus de valeur que le premier. Reste le troisième.

Ce dernier grief a fait frémir d'étonnement quelques-uns d'entre vous. On s'est plaint que, non content de parler dans les églises sous forme de monologue, on ait institué des conférences dialoguées. Or, la conférence dialoguée, dit-on, fait naître dans l'esprit des auditeurs la pensée qu'on n'est plus dans une église, qu'on est dans une réunion contradictoire, et alors il paraît tout naturel que ceux qui ne sont pas de l'avis du prédicateur prennent la parole pour le contredire et que le tumulte s'ensuive.

Eh bien, ceux qui ont hasardé cette allégation ont encore parlé sans avoir pris soin de s'informer.

Les lettres d'invitation, qui conviaient les auditeurs aux conférences dialoguées, portaient un avis imprimé et parfaitement lisible, qui disait que dans la conférence les deux prédicateurs désignés avaient seuls la parole, l'un parlant du haut de la chaire, l'autre lui répondant du banc-d'œuvre, et que ceux des assistants qui auraient des objections à formuler devraient les envoyer par écrit aux prédicateurs, qui répondraient à la conférence suivante.

Les conférences dialoguées sont donc tout simplement une forme usitée depuis très longtemps pour exciter l'attention, surtout devant des auditoires populaires, et pour donner plus d'intérêt à l'exposition des vérités chrétiennes.

Je puis vous en parler par expérience, car j'ai moi-même fait partie de ces réunions de prêtres qui font des prédications extraordinaires pendant le carême ; j'ai fait des conférences dialoguées, et jamais un seul de mes auditeurs n'a vu là la moindre provocation.

Je crois avoir fait justice des trois griefs apparents qui ont été mis en avant pour justifier ces pauvres perturbateurs, que les prêtres avaient si méchamment provoqués et qu'on avait placés dans un état d'esprit qui d'avance, paraît-il, excusait toutes les violences. Si une pareille excuse est valable, qu'on la produise devant la justice. Les juges apprécieront. Mais désormais — c'est là ce que je retiens de ce débat — quelles que soient les instructions précédemment données par M. le Ministre de l'intérieur, ou de quelque manière que ses agents les aient comprises, partout où il se produira du désordre on commencera par le réprimer. Il appartiendra ensuite à M. le garde des sceaux de poursuivre ceux qui se seront rendus coupables d'un *côté* ou d'un autre; mais, en attendant, les prêtres dans l'exercice de leurs fonctions, et les fidèles qui seront venus pacifiquement assister à la prédication et aux offices n'auront pas à craindre d'être molestés, blessés ou tués...[1].

Il y a eu des contusions graves, et je voudrais bien savoir si vous êtes en mesure d'affirmer que tel coup qui a produit une contusion grave n'aurait pas pu fortuitement produire la mort. Quand le désordre commence, on sait où il commence, on ne sait pas où il s'arrête.

On l'ignore surtout, messieurs, lorsqu'une Assemblée législative tolère des paroles comme celles qui ont été prononcées au commencement de cette séance.

Nous avons entendu un de nos collègues annoncer que probablement il y aurait encore des désordres, qu'il y en aurait dès demain, et de plus graves, qu'ils sont excusés d'avance, et qu'il en faudra rejeter la responsabilité sur le clergé. Ce sont là des paroles coupables... [2].

---

1. *Rumeurs à gauche.* — UN MEMBRE A GAUCHE. — Il n'y a encore personne de mort! — *A gauche.* — Combien de blessés et de morts?

2. M. GEORGES TROUILLOT. — Respectez les lois, et cela ne se passera pas.

M. D'HULST. — Puisque vous êtes si pressé de parler

M. le garde des sceaux a cru nous embarrasser beaucoup tout à l'heure en nous lisant le texte de la bulle qui accompagnait l'envoi de la ratification du Concordat par le pape Pie VII.

Nous savons depuis longtemps, et nous n'avions pas même attendu la bulle de Pie VII pour le savoir, car c'est l'enseignement du christianisme, de Jésus-Christ et des apôtres, que les chrétiens doivent respecter le pouvoir. Nous avons même sur vous cet avantage que nous fondons l'obligation du respect dû au pouvoir sur une délégation essentielle de l'autorité divine... [1].

---

du respect des lois, je vais y arriver, et ce sera mon dernier mot.

1. Un membre a gauche. — C'est la théorie du droit divin !

M. d'Hulst. — Je discuterai quand vous voudrez la question du droit divin : ce ne sera pas la première fois. Le droit divin n'intervient pas dans le mode de constitution du pouvoir ; cette constitution est un fait humain. Mais quand le pouvoir est constitué, s'il peut exiger l'obéissance des hommes, c'est parce qu'il représente le pouvoir de Dieu. Oui, un homme en tant qu'homme n'a aucune qualité pour se faire obéir de ses semblables, et moi je n'obéirai jamais à un homme comme homme. C'est la doctrine du pape et de l'encyclique ; c'est la doctrine de l'Église et du Christ.

M. Hubbard. — C'est la négation des droits de l'homme, de la souveraineté nationale !

M. d'Hulst. — Vous vouliez m'assommer à coup de bulles, je vous fais connaître la doctrine des bulles.

Voix a gauche. — Il y a le droit populaire ; il y a le droit naturel.

M. d'Hulst. — Le droit populaire est un des modes de désignation du pouvoir ; il n'est pas la source du pouvoir.

Je dis donc que nous connaissons les doctrines de Pie VII, qui sont les doctrines de l'Église dans tous les temps ; mais le prédécesseur de Pie VII et Pie VII lui-même avaient condamné la constitution civile du clergé et ils avaient condamné, excommunié ceux qui avaient juré la constitution civile du clergé, bien qu'elle fût une loi de l'État. Qu'est-ce que cela prouve? Que l'Église fait en même temps les deux choses qui vous paraissent contradictoires et qui sont parfaitement conciliables : elle nous prêche le respect des lois, mais au-dessus des lois humaines elle met la conscience humaine, qui reflète la loi de Dieu.

Toutes les fois que la loi humaine n'est pas en contradiction avec la conscience, elle doit être respectée ; la conscience oblige de lui obéir. Toutes les fois que la loi humaine est en contradiction avec la conscience, on doit lui résister... [1].

Je vous ferai remarquer que ce n'est pas moi qui ai voulu descendre sur ce terrain : on m'y a provoqué avec une persistance extraordinaire. Maintenant que je suis sur ce terrain, vous ne m'empêcherez pas de parler.

Je crois connaître l'histoire et le droit ecclésiastique aussi bien que vous, et sur cette question de principes vous ne me prendrez pas en défaut.

Voilà ce que j'ai à répondre sur la question des lois : nous les respecterons toujours toutes les fois qu'elles ne seront pas en contradiction avec notre conscience.

Messieurs, je termine en deux mots si vous

---

1. *Exclamations à gauche.*

voulez bien m'écouter. Ce n'est pas moi qui ai cherché à passionner le débat.

On m'a posé, avec une persistance extraordinaire, une question de ce côté de la Chambre [1]. On m'a dit : Respectez-vous la loi?... J'ai dit que je la respecte, j'ai dit comment je la respecte et pourquoi je la respecte. J'ai dit, dans une réponse à M. le garde des sceaux, en m'appuyant précisément sur cette autorité pontificale qu'il cherchait tout à l'heure à nous opposer, j'ai dit que le même pape avait recommandé l'obéissance aux lois civiles, et qu'il avait excommunié ceux qui n'avaient pas résisté aux lois sacrilèges. Nous nous souviendrons de ce double enseignement. Nous respecterons les lois justes, nous résisterons de toutes nos forces aux lois qui sont contraires à la loi de Dieu. Vous êtes la majorité. Vous pouvez faire les lois, et le gouvernement, qui est votre image, peut les appliquer. Nous subirons la violence... [2].

Mes paroles, qui ont eu le malheur de provoquer les sévérités inattendues de notre honorable président, sont les paroles les plus simples du monde.

Je vous ai dit que jamais vous n'obtiendrez des chrétiens qu'ils fassent autre chose que subir, sous la pression de la contrainte et de la violence, des

---

1. *La gauche.*

2. *Réclamations à gauche et au centre. — Interruptions à droite.* — M. LE PRÉSIDENT. — Monsieur d'Hulst, je ne peux pas vous permettre de dire que vous subirez la violence quand vous obéirez à la loi. Si vous persistez dans cette parole, je serai obligé de vous rappeler à l'ordre.

lois qui blessent leur conscience. Je dis cela et je le dirai toujours, et j'y conformerai toujours ma vie ; non seulement moi, mais tous ceux qui partagent ma foi, et, je vous le répète, à cause de cela, nous aurons le dernier mot.

LA RÉPRESSION DU DUEL

A la suite d'un duel tragique entre deux sous-officiers, qui — bien que réconciliés après une discussion assez vive — avaient été obligés à se battre par leur colonel, M. Cluseret apportait à la tribune de la Chambre une proposition de loi pour la répression du duel, surtout dans l'armée.

Un autre député, M. Dumonteil, demandait immédiatement le vote de la question préalable, pour cette raison que tous les arguments contre le duel, tirés des orateurs chrétiens et des philosophes, étaient connus. Il était impossible à la Chambre, ajoutait-il, de voter pareille proposition] sans se diminuer elle-même, sans s'infliger un blâme et une sorte de démenti; car ils sont très rares ceux qui peuvent se vanter, même parmi les députés, de n'avoir jamais eu recours à ce préjugé qu'on appelle le duel.

La Commission d'initiative, par la bouche de son rapporteur, M. Rabier, repoussait ce qu'il appelait le vote dédaigneux de la question préalable; mais il déclarait qu'en principe la Commission était d'avis de rejeter la prise en considération de la proposition de M. Cluseret. Elle estimait que le droit commun actuel était suffisant pour la répression du duel dans la mesure où elle était possible.

Mgr d'Hulst ne pouvait assurément pas rester indifférent à une question qui touchait de si près aux principes de la morale chrétienne. Il parla donc en quelques mots contre la question préalable, se réservant de revenir ensuite sur la proposition elle-même [1].

Messieurs, c'est seulement contre la question préalable que je demande à dire quelques mots. Si la question préalable est repoussée, j'aurai peut-être de brèves observations à présenter sur la prise en considération.

Il m'a semblé, comme à M. le rapporteur, que le vote de la question préalable indiquerait une sorte de dédain pour l'objet même du débat.

J'ai été heureux de voir que plusieurs de nos collègues, bien que partisans de la question préalable, ne voulaient pas lui donner cette signification dédaigneuse, et je leur en sais bon gré, parce que les intérêts moraux et autres qui sont engagés dans la question ne sont pas de ceux que nous puissions traiter légèrement. Mais il faut voir quelle serait au dehors la signification du vote qui écarterait la discussion par la question préalable.

L'opinion publique aurait peine à nous suivre dans les distinctions subtiles qu'il faut faire pour accorder le respect d'une proposition avec l'emploi de ce procédé parlementaire qui s'appelle la question préalable.

Aussi, vu l'importance du problème posé devant nous, je crois que nous devons nous préoccuper de l'impression que produirait sur l'opinion ce vote de la question préalable. Et voilà pourquoi je la repousse.

La question préalable rejetée, M. Cluseret put développer sa

1. Séance du 2 juillet 1892.

proposition de loi. Il s'étendit particulièrement sur le duel militaire, au point de vue du sentiment, et sans entrer dans aucune considération philosophique ou religieuse contre le duel en général. S'appuyant sur plusieurs faits semblables à celui qui avait motivé son projet, il fit ressortir, avec raison, l'anomalie d'une loi qui interdit le duel et d'une discipline régimentaire qui l'impose.

M. Rabier s'efforça, — au nom de l'unanimité de la Commission dont il était le rapporteur, — de combattre la prise en considération de ce projet de loi. Il soutint qu'en général les duels sont assez inoffensifs, que la justice d'ailleurs est suffisamment armée pour les réprimer, et enfin, qu'en ce qui concerne les duels dans l'armée, il appartenait à l'autorité militaire d'y aviser et de prévenir des faits regrettables comme ceux qui avaient été signalés.

Ce fut alors que Mgr d'Hulst prit la parole contre les conclusions du rapporteur. Le prélat éleva bientôt le débat, et il détermina, par son discours, le vote de la prise en considération du projet de M. Cluseret, par 270 voix contre 210 sur 480 votants,

Messieurs, je viens combattre en très peu de paroles les conclusions de M. le rapporteur de la commission d'initiative. Au nom de tous les membres de cette commission, il vous a proposé de ne pas prendre en considération la proposition de M. Cluseret; je vous demande au contraire de la prendre en considération et de la renvoyer à la commission qui était déjà chargée d'examiner une proposition analogue émanant, comme on l'a rappelé tout à l'heure, de celui dont j'ai le grand honneur et en même temps la grande douleur d'occuper ici la place... [1].

1. M. LE RAPPORTEUR. — La commission avait été

Ce n'est donc pas la question de fond que je traite en ce moment. Je viens répondre brièvement aux conclusions de M. le rapporteur; et mes raisons de combattre ces conclusions, je les trouve dans ses paroles mêmes, et particulièrement dans les dernières qu'il a prononcées.

Entre autres motifs allégués pour vous engager à écarter la proposition de M. Cluseret, M. le rapporteur disait : « Laissez-nous le temps de nous convertir; nous sommes tous plus ou moins coupables; quand nous serons convertis, vous pourrez proposer une loi. »

Mais cette loi sera tout à fait inutile à ce moment. C'est parce que vous n'êtes pas tous convertis, qu'il faut une loi pour hâter votre conversion. Pour parler plus sérieusement — car la question est sérieuse — il ne me paraît pas que, quelle qu'ait été l'éloquence de M. Monteignat ou de M. Dupin, la jurisprudence défendue par ces jurisconsultes ait été appliquée ni avec beaucoup de suite, ni avec beaucoup de vigueur. Il ne me paraît même pas qu'elle ait été à la hauteur de la question qu'elle prétendait régler. Car, enfin, que disait M. Dupin? Que répète après lui M. Rabier? « Le droit commun suffit pour punir le duel; quand il y a une issue fatale, c'est un meurtre comme un autre. »

---

nommée sous la précédente législature. Elle n'existe plus aujourd'hui.

M. D'HULST. — J'accepte votre rectification. Mais si la prise en considération est votée, une commission sera nommée, et il est évident que la proposition de loi déposée par Mgr Freppel retrouvera toute son actualité parallèlement à celle de M. Cluseret; je la reprendrais au besoin.

Tout le monde sait bien que ce n'est pas un meurtre comme un autre; écartons cette monstruosité. Sans absoudre l'homme qui accepte un combat singulier, je ne vais pas jusqu'à l'assimiler à un assassin qui tue sa victime dans un guet-apens.

Et puis, que vaut cette distinction entre les duels suivis de mort et les duels sans issue fatale? Ce n'est pas une distinction morale que celle-là. Quand deux adversaires s'alignent sur le terrain, vous ne savez pas quelle sera l'issue du duel.

Faut-il donc vous apprendre que la moralité a son siège dans la volonté, dans l'intention, et non pas dans le bras? Par conséquent, si la question de moralité est engagée dans le duel, c'est la convention même du combat singulier qui l'engage, et non pas l'issue, qui est presque toujours fortuite.

Donc la jurisprudence, qui consiste à juger de la moralité du duel d'après son issue,est une jurisprudence que j'ose qualifier d'immorale.Et comme c'est celle qui existe, je déclare qu'elle ne me suffit pas.

Mais prenons cette jurisprudence telle qu'elle est; supposons même qu'elle soit suffisante, ce que je n'admets en aucune façon. D'où vient alors cette inégalité dans l'application d'une loi pénale que vous déclarez en vigueur? Pourquoi poursuivez-vous dans certains cas et ne poursuivez-vous pas dans d'autres? La raison de votre choix, du choix des magistrats, des tribunaux, ne se trouve pas seulement dans l'issue fatale ou non; car nous connaissons et nous avons vu dans ces derniers temps des duels qui ont eu une issue fatale et qui n'ont pas donné lieu à des poursuites. On les a rappelés dans la presse tout récemment, je n'ai donc pas besoin d'y revenir..

Il y a eu acquittement dans certains cas et condamnation dans d'autres. Il y a donc un grand flottement dans l'esprit du public et dans celui des magistrats.

J'aurais compris que la question du duel ne fût pas soulevée dans cette Chambre ; mais puisqu'il en est ainsi, et en présence des hésitations, des inexactitudes et des contradictions qui se sont produites dans la pratique, nous ne devons pas laisser ouverte cette question, nous devons la clore une bonne fois. Il faut décider si, aux yeux de la loi française, le duel est ou non un crime.

Si l'on ose déclarer qu'il n'en est pas un, ceux qui auront prononcé cette étonnante sentence en porteront la responsabilité devant l'opinion et la conscience publique.

Si l'on prononce, au contraire, que le duel est un crime, il faudra, après avoir établi avec prudence et prévoyance une échelle des peines, appliquer cette pénalité d'une façon uniforme et rigoureuse. Car il n'est pas admissible qu'on laisse au parquet la faculté de poursuivre ou de ne pas poursuivre, aux magistrats de prononcer des peines graves ou légères. C'est cette inégalité dans la répression qui jette la conscience publique dans une sorte de désarroi.

Voilà pourquoi, à cause de la gravité de la question posée, de l'actualité nouvelle que la proposition de M. Cluseret lui a donnée, et que des incidents douloureux et récents lui avaient donnée avant elle, je ne crois pas que la Chambre puisse refuser la prise en considération.

Voilà pour le duel en général.

Quant au duel militaire, je crois que personne

n'hésitera à reconnaître que, là surtout, il y a des mesures à prendre et qu'on peut les rendre efficaces.

S'il s'agit de duels entre officiers, avant de punir, il faudrait essayer de prévenir. Dans la proposition de Mgr Freppel, il y avait des dispositions établissant un tribunal d'honneur composé d'officiers supérieurs. On peut trouver d'autres moyens, mais il est digne du législateur d'en chercher de cette sorte pour prévenir le duel entre officiers.

Enfin, il y a le duel entre soldats ou entre sous-officiers.

On a beaucoup parlé de cette discipline détestable en vertu de laquelle les chefs de corps peuvent obliger sous-officiers et soldats à s'aligner sur le terrain. Je crois qu'il y a seulement là une coutume ; qu'aucun article de loi, aucun article de règlement militaire n'oblige les colonels ou ne les autorise à contraindre les hommes de se battre. C'est une question de pratique, de mœurs militaires, de tradition fort peu respectable.

Mais ici nous nous trouvons en présence d'une autorité qui a la main assez ferme pour briser cette tradition : c'est l'autorité du ministre de la guerre. Il ne me semble pas indigne du Parlement d'employer tout le crédit dont il dispose auprès de M. le Ministre de la guerre pour l'amener, par une indication que j'oserai appeler impérative, à mettre en œuvre les moyens qui sont actuellement à sa disposition — et il en a d'immenses — pour déraciner cet abus. M. le Ministre doit faire en sorte, non seulement que les colonels n'obligent pas les soldats à se battre pour des vétilles, mais encore qu'ils s'opposent à ces duels autant qu'ils le peuvent.

Il me semble, Messieurs, que les questions soulevées par la proposition de M. Cluseret, tant au point de vue du duel civil que du duel militaire, méritent votre examen et que ce ne serait pas leur accorder une attention suffisante que de repousser la prise en considération.

LE ROLE DE L'ÉTAT

DANS L'ENSEIGNEMENT

Le 12 juillet 1892, l'ordre du jour de la Chambre appelait la discussion : « 1° du projet de loi portant approbation de la convention signée, le 21 mars 1892, entre l'Etat et la Société anonyme du collège Sainte-Barbe, concernant l'allocation audit collège d'une subvention de 150.000 francs en 1892 ; 2° du projet de loi portant approbation de semblable convention, signée, le 25 mars 1892, entre l'État et la Société anonyme de l'école Monge, concernant l'allocation à ladite école d'une subvention de 130.000 francs en 1892. » (*Journal officiel du 13 juillet* 1892.)

La discussion fut vive et passionnée. Elle amena à la tribune Mgr d'Hulst, qui prononça le remarquable discours qu'on va lire sur le rôle de l'État dans l'enseignement.

Messieurs, je n'abuserai pas de votre attention, mais la Chambre, avec l'esprit libéral qui semble l'animer, ne me contestera pas le droit de dire quelques mots après M. le ministre [1].

---

1. Les paroles assez ironiques de l'orateur s'expliquent par l'attitude de la Chambre pendant cette discussion. La majorité n'avait pas cessé de manifester jusqu'ici une

Je n'ai pas grand espoir d'influencer votre vote [1], mais l'honorable M. Dupuy, et à sa suite M. le ministre de l'instruction publique ont introduit ici des questions de principe et de tendance en matière d'enseignement et je vous demande la permission, en me transportant pour un court moment sur ce terrain, d'expliquer mon vote.

J'aurais voté la subvention si vous n'aviez pas tenu à lui donner — inutilement, permettez-moi de vous le dire, — ce caractère agressif contre des adversaires qui n'existaient pas et que vous avez suscités pour la circonstance.

Je suis, pour mon compte, partisan de ces deux choses : l'enseignement libre et le patronage efficace que le gouvernement, disposant des deniers de tous, doit accorder aux établissements libres qui ont bien mérité de l'éducation. Par conséquent, je n'aurais fait aucune difficulté de voter les subventions si je n'avais pas été particulièrement ému d'une pensée exprimée avec une grande vigueur par M. Dupuy et reproduite tout à l'heure par M. le ministre de l'instruction publique. M. le ministre, en particulier, a terminé son discours en disant : Nous voulons que l'État puisse subventionner ses idées.

Messieurs, c'est une question de principe très

---

certaine nervosité et même un parti pris d'hostilité contre l'orateur de la droite, qui avait précédé Mgr d'Hulst à la tribune.

M. Fernand de Ramel, en effet, avait protesté avec véhémence contre une loi qui allait engager les deniers de l'Etat pour un total de 1,400,000 fr. ; et cela, simplement pour soutenir des établissements en décadence, dont le programme est neutre et laïque !

1. La loi fut votée par 318 voix contre 140.

haute et en même temps très délicate que celle-là : les idées de l'État... [1].

L'État, après tout, c'est la représentation de tout le monde, c'est la puissance de tous les citoyens mise en commun pour la protection et l'avantage de chacun.

Eh bien! l'État ainsi compris peut-il avoir des idées? Oui, car c'est là l'honneur de la nature humaine que partout la pensée régisse l'action.

Il est donc naturel que l'État ait une doctrine, j'en conviens. Mais, dans notre société complètement sécularisée, où règne la liberté de penser la plus absolue, il est nécessaire de choisir pour la doctrine de l'État un minimum suffisant de principes communs à tous.

Prenons, par exemple, si vous voulez, la morale qui est respectée à la fois par les différentes communions chrétiennes et par les différentes écoles philosophiques.

Si l'État, en matière d'instruction, se bornait à professer ce minimum de doctrine, j'accepterais parfaitement les idées de l'État, parce que sur ce fondement chacun pourrait édifier ses idées particulières. Mais alors aussi, je demande à M. le ministre comment, au nom des idées que je viens de caractériser, l'État peut subventionner une école libre pré-

---

1. M. Clémenceau. — Est-ce qu'il ne subventionne pas le budget des cultes, par hasard?

M. d'Hulst. — Monsieur Clémenceau, je crois que sur le budget des cultes tout a été dit. Je ne serais nullement embarrassé pour traiter cette question. Mais j'ai souci des instants de la Chambre et je ne veux pas m'engager sur ce terrain.

cisément parce qu'elle a telle doctrine et laisser sans subvention une autre école qui en a une différente, si l'une et l'autre acceptent également ce fonds commun que l'État reconnaît, mais au delà duquel il ne peut pas aller sans se faire l'organe et le serviteur d'une doctrine particulière.

M. LE MINISTRE DE L'INSTRUCTION PUBLIQUE ET DES BEAUX-ARTS. — Voulez-vous me permettre un mot?

M. D'HULST. — Volontiers!

M. LE MINISTRE. — De ces deux sortes d'établissements, les uns ont précisément une doctrine particulière...

M. D'HULST. — Tout le monde en a une.

M. LE MINISTRE. —... qu'ils imposent à tous ceux qui y pénètrent et dont ils font la loi de leur enseignement; ce sont ceux qu'on appelle les établissements confessionnels ou congréganistes. Les autres, ce sont les établissements laïques, qu'ils soient libres ou non, qui ont affirmé et inscrit sur leur fronton même ce mot : neutralité ! c'est-à-dire respect absolu de toutes les opinions, de tous les sentiments religieux ou non ; c'est-à-dire enfin : exclusion de toute sorte d'oppression de la conscience, afin que personne, dans l'intérieur de ces maisons, ne puisse agir, en dehors de la volonté de la famille, sur l'âme ou sur l'esprit de l'enfant.

M. D'HULST. — Je remercie M. le ministre de son explication ; mais il voudra bien convenir que la question qu'il vient de traiter en très peu de mots est beaucoup trop vaste pour que je puisse y répondre en ce moment... [1].

1. DIVERS MEMBRES A GAUCHE. — C'est cela! Vous

Il y a fort longtemps que je réfléchis sur la question de la neutralité. J'ai là-dessus des idées faites et je n'aurais aucun embarras à les exprimer. Je pourrais faire remarquer, par exemple, à M. le ministre que l'idée même de neutralité a singulièrement varié; que du temps de Cousin, la neutralité permettait d'adopter à titre de minimum des doctrines que certains trouveraient excessives aujourd'hui. Par conséquent, la neutralité de l'État, quoi qu'elle fasse, se colore toujours d'une doctrine plus ou moins précise, et la neutralité absolue ne serait pas autre chose — cela ne ferait guère honneur à ceux qui la proposeraient — que l'absence de pensée et d'opinion sur les questions les plus hautes. Voulez-vous que je vous en donne une preuve?

Prenons une question qui sert de base à ce spiritualisme que l'ancienne Université adoptait entièrement : la question de l'existence d'un Dieu personnel. La neutralité est-elle possible en face de cette question? On est pour l'affirmative ou pour la négative, et tout établissement où des professeurs payés par l'État peuvent enseigner, par exemple, une doctrine contraire au déisme sort par là même de la neutralité, quoiqu'il persiste à l'inscrire sur son programme. Il en sort également si ses maîtres combattent l'athéisme. Et comme il est impossible d'éviter cette alternative, par exemple, dans l'enseignement de la philosophie, il s'ensuit que la neutralité absolue est impraticable.

Je répète — et je ne veux pas parler plus long-

---

avez raison. C'est une façon commode de s'en tirer!

M. D'Hulst. — Et je trouve, moi, que vous avez une façon d'interrompre qui n'est ni courtoise, ni justifiée.

temps — que j'aurais voté la convention en faveur des écoles Monge et Sainte-Barbe si l'on n'avait pas donné au vote qui se prépare un caractère tout contraire à la neutralité; car M. le ministre nous l'a dit lui-même : il s'agit précisément de subventionner des établissements qui représentent ce qu'il a appelé dans un langage assez nouveau pour moi « les idées de l'État », tandis qu'il vous a déclaré qu'il refuserait une subvention à d'autres établissements, fussent-ils très méritants et eussent-ils fait leurs preuves, s'ils ne représentaient pas les idées de l'État!

Je m'intéresse beaucoup à l'école Monge, car j'ai été en rapport avec l'honorable directeur de cet établissement, au moment de sa fondation.

Eh bien, on a fait valoir en faveur de ceux qui l'ont créé, comme un titre de recommandation, le fait d'avoir introduit dans l'enseignement secondaire des méthodes nouvelles, empruntées à l'expérience des autres pays, et d'avoir rompu ainsi avec la routine dans laquelle l'enseignement universitaire s'était trop longtemps enfermé !

Je me rappelle qu'il y a dix-huit ans, quand on discutait à l'Assemblée nationale le projet de loi d'où est sortie la liberté de l'enseignement supérieur, les ennemis de cette liberté nouvelle disaient : Avec les facultés libres, vous allez faire deux France.

Messieurs, on pourrait en dire autant des collèges libres et des écoles libres. Mais c'est là un péril imaginaire; et si vous vouliez entrer dans cette voie véritablement libérale que vous avez ouverte par le projet de subvention, mais que vous vous êtes trop vite hâtés de rétrécir, il n'y aurait plus alors qu'une France, et dans cette France unique on verrait fleurir et se développer, par l'initiative des individus et des groupes, les tendances diverses qui répondent à des convictions opposées et qui laissent intact l'amour de la commune patrie.

Ce serait là une chose vraiment heureuse pour la paix publique, car personne ne se sentirait plus opprimé ; ce serait une chose avantageuse pour le Trésor, car les deniers publics se répartiraient avec une très grande économie entre des établissements recommandables à des titres divers, mais concourant tous au bien de la patrie.

Le jour où vous entrerez dans cette voie libérale, vous verrez en nous des partisans résolus du système des subventions aux écoles libres, et nous ne refuserons certainement pas notre appui à des établissements comme Monge et Sainte-Barbe ; mais tant que vous ferez de l'argent des contribuables une arme de guerre contre des enseignements qui ne vous plaisent pas et qui cependant représentent comme les autres le principe de la liberté, qui travaillent comme les autres à la diffusion de la science, qui peuvent, comme les autres, invoquer les services rendus à la cause de l'éducation, il nous sera impossible de suivre notre pente naturelle et de voter avec vous des subventions qui ont un caractère de privilège et qui engagent au service d'un parti les ressources provenant des sacrifices de tous.

LES RELATIONS

DE L'ÉGLISE ET DE L'ÉTAT

A l'occasion de la discussion du budget des cultes, Mgr d'Hulst prononça, à proprement parler, son premier grand discours sur la question religieuse. Il fit, ainsi qu'on va le voir par les interruptions mêmes que nous avons reproduites, une grande impression sur l'assemblée.

Avec une grande élévation de pensées, avec une modération et un courage incontestables, l'éloquent prélat traita de la manière la plus précise de l'attitude du Gouvernement vis-à-vis de l'Église et des catholiques : de ce qu'elle était, de ce qu'elle devrait être.

Nous n'en dirons pas davantage de peur de déflorer ce beau discours. Nous ajouterons seulement que le ministre, M. Charles Dupuy, en lui répondant, rendit hommage à Mgr d'Hulst pour son érudition concordataire et pour la façon courtoise dont il avait traité son sujet. Mais il n'en affirma pas moins naturellement que l'Église est « une subordonnée de l'État », et le droit du Gouvernement de supprimer les traitements ecclésiastiques et d'appliquer les articles organiques qui font, disait-il, partie intégrante du pacte concordataire. Le ministre cependant terminait son discours par une déclaration d'impartialité et de bienveillance [1].

Messieurs, la discussion du budget des cultes est

---

1. Séance du 20 janvier 1893.

la meilleure occasion qui s'offre aux représentants du pays pour examiner avec sérénité la politique qu'ils ont le droit et le devoir de contrôler. Je sais que les circonstances de temps où vient se placer cette année la discussion du budget nous commandent une grande discrétion à tous, et je suis disposé, pour ma part, à en donner l'exemple en étant très bref.

Cependant, il ne me paraît pas que cette préoccupation de brièveté doive nous fermer entièrement la bouche, lorsqu'il s'agit d'exercer ce droit d'investigation et de contrôle qui est aussi pour nous un devoir.

Le budget des cultes nous amène tout naturellement à examiner quelle est la politique religieuse du Gouvernement et de la majorité d'où il est sorti, et à nous demander ce qu'elle doit être dans l'avenir.

J'ai l'intention d'apporter à cet examen la plus grande modération. Il est probable et même certain qu'en exprimant ma pensée, je n'exprimerai pas celle d'un certain nombre de mes collègues ; je leur demande de vouloir bien ne pas voir dans ma sincérité la moindre intention agressive contre la leur.

Je commence par vous dire que je me sens plus à l'aise pour entreprendre cet examen de la politique religieuse aujourd'hui que si la discussion du budget était venue à sa place naturelle, c'est-à-dire soit au mois de juin, soit au mois de novembre dernier, parce que le Gouvernement qui est sur ces bancs m'a paru, autant que sa courte existence a permis d'en juger, animé d'intentions qui, sans doute, ne le séparent nullement des vues et des opinions de la majorité, mais d'intentions pourtant plus favorables à la pacification religieuse, c'est-à-dire, selon moi, au but que nous devons poursuivre. Je n'en veux pour preuve ou, si vous aimez mieux, pour indice, que les paroles excellentes prononcées hier même à la tribune par M. le ministre des affaires étrangères[1].

Je viens de prononcer le mot de pacification religieuse; je n'ai pas dit de paix religieuse, j'ai dit pacification, c'est-à-dire retour à la paix. Cela suppose donc que la paix avait été rompue et qu'il y avait entre l'État français et l'Église en France, je ne dirai pas la guerre, mais enfin des relations tendues et difficiles.

Lorsque la paix a été rompue, lorsqu'à un degré quelconque existe un état de guerre entre deux armées, deux nations, deux groupes d'hommes, deux partis, deux institutions, peu importe, il est dans la nature humaine de se renvoyer d'un camp à l'autre le reproche d'avoir commencé.

Je n'ai pas la moindre intention de poser la question sur ce terrain-là, parce que nous n'en sortirions pas, et que, alors même que nous discuterions pendant deux jours entiers là-dessus, après ces débats qu'il faudrait bien clore, enfin, vous garderiez votre opinion et moi je conserverais la mienne. Laissons le passé tel qu'il est et examinons le présent et l'avenir.

---

1. M. Hubbard avait présenté au budget des affaires étrangères ce qu'on a appelé, disait-il, « l'amendement traditionnel de l'extrême gauche » : la suppression de l'ambassade près le Vatican.

M. Jules Develle, ministre des affaires étrangères, s'était opposé à l'adoption de cet amendement tant au nom des graves intérêts en jeu que par respect pour la personnalité de Léon XIII.

Comme toujours aussi, l'amendement avait été repoussé à une forte majorité.

Pour que cette pacification religieuse que je réclame, qui est dans les intérêts de tous, dans les intérêts de la majorité comme dans les nôtres, pour que cette pacification s'opère et qu'elle se maintienne, que réclamons-nous, nous autres?

Nous réclamons la liberté. Seulement, pour aller immédiatement au-devant des objections que vous ferez et que je connais bien, je vous dirai avec une entière franchise que la liberté que nous réclamons n'est pas une liberté abstraite, c'est une liberté concrète qui, par conséquent, se présente dans des rapports nécessaires avec un ensemble de circonstances dont il n'est pas possible de ne pas tenir compte, et qu'elle suppose de la part du Gouvernement et de la majorité d'où il émane une attitude corrélative à ces circonstances. Or, quand nous vous demandons, à vous messieurs de la majorité : Quelle est cette attitude?... [1] vous avez une formule pour caractériser l'attitude qui convient au Gouvernement et à la majorité vis-à-vis de l'Église et vis-à-vis des catholiques. Cette formule, c'est « la neutralité ».

C'est là ce que vous nous répondez toutes les fois que nous nous plaignons de quelque chose. Vous nous dites : Nous observons vis-à-vis de vous la neutralité, et vous, catholiques, vous avez l'habi-

---

1. M. MILLERAND. — De quelle corrélation parlez-vous ?

M. D'HULST. — Je suis fâché que vous ne m'ayez pas compris ; c'est sans doute ma faute. Je parle de la corrélation entre l'attitude du Gouvernement et de la majorité et l'attitude des catholiques réclamant la liberté.

tude et la tradition de crier à la persécution quand vous n'êtes pas les maîtres !... [1]

Non, si vous étiez vraiment neutres, si vous pouviez l'être, nous ne nous dirions pas persécutés. Mais la neutralité absolue est tout à fait impossible de la part du Gouvernement vis-à-vis de l'Église et des catholiques, et cela pour beaucoup de raisons; d'abord pour des raisons générales et ensuite pour une raison de fait.

Je passe sur les raisons générales qui m'entraîneraient dans des discussions théologiques. Mais la raison de fait, à laquelle il est fait allusion à chaque instant, dans cet ordre de discussion, c'est le Concordat.

Il est impossible au Gouvernement de dire à l'Église : Je traite avec vous, mais je vous ignore. Or, c'est là ce qu'il faudrait dire pour observer la neutralité absolue ; il faudrait considérer l'Église comme n'ayant pas d'existence. Donc, cette neutralité est incompatible, en tant qu'elle serait absolue, avec l'existence même du Concordat. D'autre part, messieurs, il apparaît tous les ans, ici, qu'il ne peut pas se rencontrer une majorité pour la dénonciation du Concordat.

Je crois que le jour où cela viendra, d'abord l'Etat fera tout simplement banqueroute, ce n'est pas honorable.

---

1. (*Rires et applaudissements ironiques à gauche.*)

M. D'HULST. — Je savais bien que je vous ferais plaisir en disant cela.

M. ANTIDE BOYER. — C'est charitable !

M. D'HULST. — Il faut bien que de temps en temps, je vous fasse plaisir !

Je crois, en second lieu, que l'Etat commettra une très grande maladresse et, d'autre part, que nous en souffrirons beaucoup; que par conséquent, ce conflit résultant de la rupture du Concordat ressemblera à ces batailles lamentables dans lesquelles les pertes sont si grandes et les résultats si douteux de part et d'autre qu'il y a deux vaincus et pas de vainqueur.

Mais, enfin, nous n'en sommes pas encore là, et je ne sais pas si l'on en viendra là. Quelques-uns d'entre vous s'en croient assurés; d'autres ont la persuasion contraire. Je n'ai pas d'opinion là-dessus, car je ne suis pas prophète.

En attendant que cela vienne, ou si cela ne doit pas venir, messieurs, le Concordat subsistant, la neutralité absolue, je viens de vous le démontrer, est impossible.

Au-dessous de cette neutralité absolue, on pourrait concevoir une sorte de neutralité relative.

Cette neutralité partielle consisterait, de la part du Gouvernement, à dire à l'Église : Je suis bien obligé de reconnaître que vous existez, puisque je traite avec vous; mais je m'en tiens strictement au pacte et, en dehors des stipulations expresses écrites dans le pacte, je ne vous connais pas.

Je ne crois pas que cette neutralité relative, limitée au contrat, soit jamais le programme effectif de la majorité telle qu'elle est aujourd'hui, puisque ce programme aurait les conséquences les plus inattendues, et en particulier cette conséquence d'amener l'abrogation des articles organiques. Or, je ne sache pas que vous soyez disposés à abroger ces articles organiques; bien au contraire, si vous pouviez en ajouter d'autres, vous n'y manqueriez pas.

Quel est le caractère de ces articles? Ce sont des

dispositions législatives qui émanent de la puissance civile; elles sont à côté du Concordat, unilatérales, et non pas synallagmatiques.

Si désireux qu'on soit de leur conférer le maximum d'autorité qu'elles comportent, on ne saurait aller au delà de cette qualification d'acte législatif, unilatéral, purement civil, réglementant, chose assez étrange, des matières religieuses!

Comment les matières religieuses sont-elles réglementées par l'acte législatif que nous appelons la loi de germinal an X? C'est en dérogeant de la manière la plus absolue, la plus formelle, au principe de la neutralité. Eh quoi! Elle serait neutre, cette loi de germinal qui ne se contente pas d'édicter des mesures d'ordre public pour l'exercice du culte, mais qui entre dans le détail de la discipline et quelquefois du dogme lui-même, qui décide, par exemple, quel devra être l'enseignement des séminaires sur la déclaration de 1682, qui témoigne d'une sollicitude singulière pour l'application des lois canoniques, pour la résidence des évêques et des curés, qui va jusqu'à réglementer les appellations honorifiques et le costume?

Remarquez que je n'apprécie pas en ce moment les articles organiques : je les caractérise seulement en vous montrant que les dispositions de la loi de germinal an X sont la négation la plus formelle du principe de la neutralité, et que, par conséquent, s'il y a un système qui s'éloigne de la pratique et des aspirations du parti qui gouverne aujourd'hui, c'est celui que j'indiquais en second lieu, après la neutralité absolue, celui de la neutralité relative.

Si la neutralité relative n'est pas plus praticable que la neutralité absolue, qu'est-ce qui reste? Si l'on ne veut pas continuer à avoir la guerre, quelle ressource demeure à notre portée pour faire la paix?...[1]

Il y aurait une dernière attitude à prendre pour avoir la paix en maintenant le Concordat et en renonçant à la double chimère d'une neutralité absolue, incompatible avec le pacte, et d'une neutralité relative, incompatible avec la loi de germinal.

Cette attitude, de la part du Gouvernement, de la part de l'État français, serait celle d'un libéralisme bienveillant qui n'implique, en aucune façon, l'abandon des droits de l'État, pas même un privilège proprement dit au profit de l'Église et des catholiques; car si le Concordat stipule en leur faveur des dispositions qui semblent avoir un caractère de privilège, il ne faut pas oublier que, d'une part, ces dispositions sont le rachat des droits dont l'Église, en 1801, a renoncé à poursuivre la revendication, et que, d'autre part, des prérogatives régaliennes ont été conférées à l'État français, en particulier le droit de nommer les évêques, d'agréer la nomination des curés, celle des chanoines, des vicaires généraux.

Par conséquent, s'il y a privilège, il est bilatéral, il est partagé.

---

1. *A gauche.* — Le divorce!

M. D'HULST. — J'en ai parlé tout à l'heure. J'ai dit que vous n'étiez pas prêts à le prononcer; que si vous le faisiez, vous commettriez une injustice, et que vous feriez autant de victimes qu'il y a de parties intéressées dans l'affaire.

M. GUSTAVE ISAMBERT. — Si vous n'y étiez pas intéressé, vous ne le craindriez pas tant!

M. D'HULST. — Je vous en prie, ne rouvrons pas ce débat éternellement!

Eh bien! ce que nous demandons en parlant d'une attitude caractérisée par ces mots : « un libéralisme bienveillant », ce n'est pas un privilège; c'est simplement une façon d'entendre les rapports de l'Église et de l'État qui soit propre à mettre la paix dans les consciences et dans le pays.

J'ai promis de ne pas apporter ici des paroles irritantes; je veillerai donc sur mon langage, afin de ne pas mettre un accent trop amer dans le souvenir très rapide que je ne puis m'empêcher d'accorder aux faits qui ont caractérisé, en cette matière, l'année écoulée. Je demande seulement, avec le plus grand calme, si c'est par ces mots « libéralisme bienveillant » qu'on peut caractériser l'attitude qui a été celle du gouvernement antérieur au ministère actuel.

Je représente un département qui peut me fournir quelques exemples. Mais les faits que je citerai n'ont rien qui soit particulier au Finistère, et je pourrais facilement, presque au hasard, en emprunter de semblables à tous les autres départements français.

Eh bien, pendant l'année 1892, dans le département que j'ai l'honneur de représenter, on a supprimé un certain nombre de traitements ecclésiastiques.

Je ne veux pas ramener la discussion sur le terrain théorique et juridique; il ne me serait pourtant pas difficile de renouveler la démonstration qui a été faite, à plusieurs reprises, du caractère abusif et illégal de cette pénalité qu'aucun juge ne prononce et qui, la plupart du temps, n'est précédée d'aucune enquête, au moins contradictoire, que n'appuie aucun texte législatif et qui n'a pour l'autoriser qu'un seul précédent emprunté aux pratiques abusives de l'ancien régime et une interprétation subreptice et fausse d'un article du Concordat.

Mais ce n'est pas le point de droit que je discute ici. Je demande quels ont été les procédés habituels du Gouvernement dans ces suppressions de traitements ecclésiastiques.

Le prétexte ordinaire qui a été invoqué, c'est l'ingérence électorale du clergé et, d'une manière générale, son immixtion politique.

Messieurs, j'ai eu l'occasion d'étudier par moi-même quelques-unes des espèces qui se posent ainsi tous les jours et dont le monde entend parler dans la presse. De l'enquête personnelle à laquelle je me suis livré à cet égard il résulte...[1] que le Gouvernement, quand il est amené à prononcer une de ces suppressions de traitement, procède d'ordinaire de la façon suivante : il est saisi d'une plainte qui émane, la plupart du temps, d'un personnage politique évincé ou qui, même ayant triomphé dans la lutte, veut satisfaire des rancunes électorales. Le Gouvernement, représenté par le préfet, fait une

1. M. ADOLPHE TURREL. — Vous nous parlerez alors des actes politiques du clergé !

M. D'HULST. — Je parle des suppressions de traitements ecclésiastiques.

A droite. — N'interrompez pas, à gauche !

M. ADOLPHE TURREL. — Vous interrompez bien, messieurs de la droite, quand l'un des nôtres est à la tribune. (*Dénégations à droite.*)

M. D'HULST. — Je ne me plains pas de ces interruptions. Peut-être n'ai-je pas été sufffisamment clair ? Je vais m'efforcer de l'être davantage.

Je parle des suppressions de traitements ecclésiastiques motivées, de la part du Gouvernement qui les a prononcées, par le reproche d'ingérence cléricale.

enquête; cette enquête est habituellement conduite par la gendarmerie, qui se transporte dans la commune avec un appareil très imposant...[1].

Mais certainement, messieurs, vous savez quel est sur le paysan le prestige du baudrier du gendarme, et il ne faut pas vous en plaindre. Le prestige du baudrier du gendarme est une des garanties de la sécurité publique et privée, et, pour ma part, j'ai le plus grand respect pour la fonction qu'exercent les gendarmes, comme j'ai la plus grande estime pour ces braves gens.

Ce ne sont pas seulement des braves gens, ce sont des gens braves, et auxquels nous devons beaucoup.

Seulement les gendarmes, généralement, ne sont pas très familiarisés avec les finesses de la jurisprudence et je ne crois pas qu'il soit venu à la pensée d'aucun d'entre vous de charger un brigadier de gendarmerie de l'enquête sur le Panama.

Les gendarmes font donc leur enquête ; ils interrogent et, quelquefois, — je ne le dis pas au hasard, mais parce que je m'appuie sur des faits qui sont à ma connaissance, — ils ont reçu le mandat d'interroger de façon à produire une certaine intimidation.

Font-ils un procès-verbal de leur enquête ? c'est leur devoir, la loi les y oblige ; mais on n'en peut jamais rien connaître.

Ce procès-verbal va à la préfecture, de là il part pour le ministère, et alors le ministre écrit à l'évêque que M. le desservant un tel s'est écarté de son devoir dans telle circonstance ; l'évêque est invité à le déplacer dans les huit jours, faute de quoi le des-

1. *Protestations et rires à gauche.*

servant sera privé de son traitement. Voilà comment les choses se passent.

L'évêque écrit pour demander un délai de quelques jours, voulant prendre lui-même des renseignements. Il y est, du reste, ordinairement invité par la lettre ministérielle. Il fait son enquête de son côté et, très souvent, les résultats en sont absolument contradictoires à ceux de l'enquête préfectorale.

Je parle de faits connus et il me semble que je ne passionne pas le débat le moins du monde.

Le ministre — ainsi faisaient du moins ceux de ces dernières années — répond alors à l'évêque ou au vicaire capitulaire — c'était le cas dans le Finistère — que les faits allégués dans l'enquête préfectorale sont absolument prouvés, hors de contestation, qu'on n'en admet pas la discussion et que la mesure est maintenue. Le traitement est donc supprimé.

Messieurs, il n'existe nulle part un autre exemple d'une semblable pratique administrative ou judiciaire. Je ne sais pas si je dois me servir du mot « administratif » ou du mot « judiciaire » : d'une part, il s'agit d'une pénalité qui semblerait appeler un jugement préalable ; d'autre part, il n'y a pas de jugement : c'est donc alors de l'administration. Mais, dans l'un et l'autre cas, l'enquête, pour être équitable et pour donner une garantie au justiciable, devrait être contradictoire.

Eh bien, elle est absolument unilatérale, mystérieuse et quand nous demandons, au moins pour notre propre information, nous, les défenseurs de ces prêtres privés de leur traitement, qu'on nous communique les procès-verbaux de la gendarmerie, ceux qui ont été transmis au préfet, on nous le refuse absolument. On nous dit : « Vos renseignements sont faux, les nôtres sont exacts, il y a des témoins. » Nous réclamons les témoignages, les noms et demeure des témoins : on nous refuse l'un et l'autre, et la cause est entendue.

Je parle d'une manière générale de ce qui se fait en France, et de ce que j'ai constaté moi-même dans le Finistère.

Si vous voulez, je vous citerai des noms de communes, bien que ce ne soit pas très intéressant... [1].

Je vous dirai par exemple que dans le Finistère les curés — les recteurs comme on dit là-bas — des communes de Pluguffan et de Plougonvelin ont été privés de traitement dans les conditions que je viens d'exposer, pour ingérence électorale.

Le curé de Plougonvelin, en particulier, a été accusé d'avoir, le dimanche qui a suivi les élections municipales, parlé contre la nouvelle municipalité. Voici ce qu'il avait fait et dit... [2]. Il avait simplement invité les fidèles de cette paroisse très chrétienne à prier avec lui en réparation de blasphèmes abominables prononcés à l'entrée de l'église par quelques-uns des individus, qui avaient fait du trouble le jour des élections.

Ces choses-là peuvent vous paraître absolument extraordinaires ; mais, dans un pays très chrétien, il est tout naturel que le curé ait fait une semblable prière ; il n'y a pas eu dans ses paroles la moindre allusion au résultat des élections.

---

1. *Oui parlez ! parlez !*

2. *A gauche*. — Et les refus d'absolution !

M. D'HULST. — Je vais y venir, et ce n'est pas la partie la plus facile à défendre dans votre cause.

Dans une autre commune du même département, à Edern, il s'est passé un fait plus curieux. La liste qui a prévalu était celle à laquelle le clergé n'était pas favorable... [1].

Le curé et les deux vicaires de cette commune ont été néanmoins privés de traitement. Aussitôt la mesure connue, le maire élu par la nouvelle municipalité a certifié, dans une attestation rendue publique, qu'ils n'avaient en aucune façon travaillé les élections. Malgré cette attestation du maire qui représentait le parti gouvernemental, la suppression a été maintenue. Voilà les faits.

Je vais en finir avec ces questions de fait, que vous ne trouvez pas bien intéressantes ; mais si je n'avais apporté aucun exemple, vous auriez pu dire que je formulais des plaintes vagues et sans preuve.

Tout à l'heure, un de mes honorables collègues a

---

1. (*Exclamations à gauche*). — *A gauche*. C'est bien extraordinaire ! Le clergé s'occupe donc d'élections ?

M. D'HULST. — Je ne vous ai pas dit que le curé avait travaillé contre cette liste ; je le nie même absolument.

A gauche. — Si ! vous avez dit que le clergé n'était pas favorable à cette liste !

M. D'HULST. — Mais, messieurs, il y a des opinions connues ; quand des listes, des programmes opposés sont mis en présence, vous croyez qu'on ne sait pas d'avance, dans une petite localité, comment se partagent les préférences ? Est-ce que vous ferez un crime au clergé d'avoir des préférences connues pour ceux qui soutiennent la religion ? Si ces préférences ne se traduisent par aucune pression, par aucune ingérence extérieure, est-ce que vous leur demanderez compte des sentiments qu'ils éprouvent dans leur for intérieur, de la satisfaction ou de la peine que leur cause tel ou tel résultat ? Ce serait un singulier libéralisme.

jeté, sous forme d'interruption, les mots « refus d'absolution ».

C'est là, en effet, un des griefs qui ont été invoqués dans plusieurs paroisses du Finistère pour justifier la mesure arbitraire prise contre les prêtres qui ont été privés de traitement.

Pour plusieurs raisons, je n'examinerai pas la question de fait ; d'abord elle n'est pas susceptible d'examen ; elle échappe à tout contrôle ; je veux seulement soumettre un instant à votre attention la question de droit.

Comment pouvez-vous admettre qu'on tire d'un fait semblable un grief contre un prêtre, alors qu'il est impossible à celui-ci d'apporter un témoignage contraire ? Personne n'ignore qu'il est lié par un secret plus rigoureux que tous les secrets professionnels, et vous croyez être autorisés à accepter contre lui un témoignage émanant d'une seule personne et sur lequel il lui est interdit de s'expliquer ? Qu'il ait donné ou refusé l'absolution, qu'il l'ait fait pour tel motif ou pour tel autre, le confesseur ne peut rien dire. L'accusateur aura beau jeu.

C'est là, messieurs, une véritable monstruosité juridique... [1].

---

1. M. GUSTAVE ISAMBERT. — Vous parlez contre le secret de la confession.

M. D'HULST. — Non, monsieur, je parle contre ceux qui ne tiennent pas compte d'un secret aussi sacré et qui osent introduire un grief... (*Exclamations*).

M. GUSTAVE ISAMBERT. — Vous en démontrez les inconvénients.

Plusieurs membres à droite s'adressant à l'orateur. — Ne répondez pas ! Continuez votre discours.

M. D'HULST. — En effet, et je demande pardon à la Chambre d'avoir répondu à cette interruption. (*Bruit.*)

Voilà, messieurs, quelle a été dans un petit coin de la France qu'il m'a été donné d'observer de plus près, l'attitude, la politique religieuse du Gouvernement, au moins pendant l'année dernière.

Comme cette attitude a été la même dans tous les autres départements, je crois donc avoir le droit de conclure qu'elle n'a pas eu ce caractère de libéralisme bienveillant qui me paraît être, dans les circonstances actuelles, la seule attitude possible pour éviter le maintien d'un état d'hostilité également nuisible et à l'Église et à l'État.

Et maintenant, messieurs, ma conclusion...[1]

Messieurs, l'un des plus grands torts qu'aient les partis politiques les uns à l'égard des autres consiste à se dénier réciproquement le bénéfice de la sincérité. Je ne sais pas sur quoi se fonde celui de mes collègues qui vient de m'interrompre pour contester la mienne. C'est un droit que je lui refuse absolument.

Dans tous les cas, quand je parle de pacification, je n'admets pas qu'on me prête des intentions hostiles. Si j'en avais, je ne me servirais pas de ce mot...[2].

---

1. *Bruit à gauche.*

M. D'HULST. — J'attendrai le silence pour continuer.

A gauche. — Parlez! parlez!

M. FRANÇOIS DELONCLE. — Non, ne parlez pas, parce que vous provoquez! Vous ne voulez pas la paix. Vous voudriez bien que la Chambre refusât les crédits! C'est vous qui êtes l'ennemi de la paix religieuse, tandis que nous, nous la voulons. (*Exclamations à droite.*)

M. LE PRÉSIDENT. — Messieurs, je vous prie de ne pas interrompre. On pourra répondre à l'orateur à la tribune, mais on doit l'écouter en silence.

2. M. FRANÇOIS DELONCLE. — Si vous voulez la paix, n'apportez pas la guerre ici. (*Exclamations à droite*).

On m'accuse d'apporter ici la guerre sous le nom de la paix. Qu'ai-je fait? J'ai examiné quelle était, selon moi, l'attitude la plus propre à maintenir la paix; avec une très grande modération de langage j'ai rappelé des faits qui ne sont pas à la charge du ministère actuel, et je conclus maintenant en demandant au Gouvernement et à la majorité d'où émane ce Gouvernement, non pas des privilèges pour l'Église ni une protection spéciale pour les catholiques; non, je leur demande de traiter l'Église et les catholiques en les prenant pour ce qu'ils sont.

Traiter les catholiques comme des citoyens français, égaux en droit à tous les autres et qui, par conséquent, ne doivent jamais trouver dans leur qualité de catholiques même déclarés, même pratiquants, fussent-ils même fonctionnaires, un titre d'infériorité, quelque chose qui les désigne à la défaveur du Gouvernement.

Voilà ce que nous réclamons pour les catholiques considérés comme individus.

Quant à l'Église catholique elle-même, dont nous sommes fiers, nous, de nous déclarer les enfants, je vous demande, messieurs, ou plutôt, si vous me pardonnez d'employer une expression peut-être ambitieuse, je vous conseille de ne plus la considérer ni comme un adversaire, ni comme une étrangère, ni comme une alliée suspecte, mais comme une alliée sincère, bienfaisante, comme une alliée qui a rendu dans ces derniers temps au régime dont la forme vous est particulièrement chère des services peut-être inattendus, mais que M. le ministre des affaires étrangères avait grandement raison hier de ne pas dédaigner; une alliée enfin qui, dans tous les temps, a apporté à la cause de la civilisation, de la paix sociale, à tout ce que nous devons aimer, désirer et poursuivre en commun un concours précieux et nécessaire.

Messieurs, pour traiter ainsi l'Eglise et les catholiques, je vous demande de donner à la politique religieuse de la République le caractère que j'essayais de préciser tout à l'heure, et qui a pour formule : un libéralisme bienveillant.

LE REPOS DU DIMANCHE

ET

LES FACTEURS RURAUX

La question de l'amélioration morale et matérielle des plus humbles fonctionnaires ne pouvait pas laisser le prélat député insensible et indifférent.

La Chambre voulait voter un crédit de 600.000 francs pour assurer un jour de congé par mois aux facteurs ruraux, sans qu'ils fussent obligés, comme jusqu'ici, de payer leur suppléant; mais, en présence des difficultés pratiques que soulevaient les augmentations successives votées au budget des dépenses, Mgr d'Hulst, contrôleur consciencieux de l'emploi des deniers publics, demanda la parole.

Il venait proposer le moyen d'améliorer d'une façon plus sensible encore le sort de ces modestes serviteurs du pays, tout en réalisant une réelle économie [1].

Messieurs, je suis évidemment, comme vous tous, sympathique à l'augmentation proposée; mais je conclus de la situation elle-même et des paroles de M. le rapporteur général que la Chambre se trouve

1. Séance du 9 février : *Discussion du budget de l'exercice* 1893.

placée entre deux exigences contraires : d'un côté, le désir d'améliorer le sort de ces agents si intéressants et, de l'autre, les difficultés budgétaires.

Dans ces conditions, je n'apporte pas ici une proposition ferme : elle n'est pas mûre ; je l'indique simplement en prévision de l'augmentation possible des dépenses dont a parlé M. le rapporteur général.

Il y aurait lieu, ce me semble, non pas cette année, mais pour le budget de 1894 et pour les budgets à venir, de chercher la solution de la difficulté dans le sens d'une réduction de service postal, le dimanche... [1].

Je m'étonne, messieurs, de vos protestations. Si j'avais prononcé ces paroles dans une Chambre anglaise ou américaine, composée presque en totalité de protestants, je n'aurais rencontré aucune contradiction.

Je ne viens pas apporter ici une préoccupation religieuse... [2] La question du dimanche a deux aspects : il y a l'aspect religieux, qui m'intéresse, il est vrai, plus que tous les autres ; mais ce n'est pas celui-là que je vous présente en ce *moment* ; il y a aussi le côté social, et la preuve c'est que cette question est de celles qui intéressent des groupes absolument étrangers à nos croyances religieuses. Nous sommes seulement heureux, en cette circonstance, comme toujours, de trouver avec ceux qui ne pen-

---

1. *Exclamations à gauche.*

2. *Protestations à gauche.*

M. LAVY, — *ironiquement*. Oh ! non !

M. D'HULST. — Pas le moins du monde, monsieur Lavy. Quand je dis « non », c'est « non » et non pas « oui ».

sent pas comme nous un terrain d'accord. Ici le terrain commun, c'est celui de la philantropie.

Je suis d'avis que tous les hommes doivent être respectés dans leur dignité, et qu'il n'y a pas de service public, pas plus qu'il n'y a de service privé qui puisse justifier un asservissement de trois cent soixante-cinq jours par an.

Si, d'une part, vous êtes tous d'accord pour trouver inique, je dirai même monstrueux, que des hommes soient obligés trois cent soixante-cinq fois par an de faire 30 et 40 kilomètres par jour, et si, d'autre part, vous n'avez pas dans vos budgets l'élasticité nécessaire pour faire assez complètement, assez rapidement une réforme universellement désirée, pourquoi ne vous inspireriez vous pas d'une préoccupation qui fait en ce moment le tour de l'Europe et qui rallie les esprits les plus séparés?

Je vous indique un chemin à suivre. Il me semble que c'est de ce côté qu'il faudra chercher et que la France, en entrant dans la voie de réduction des services publics le dimanche, fera œuvre de progrès, dût-elle imposer aux particuliers le sacrifice de quelques facilités dont un pays comme l'Angleterre sait bien se passer.

Pourquoi l'établissement d'un congé mensuel pour les facteurs serait-il une aggravation de charges? C'est parce que, tout en continuant à les payer autant, il faudrait payer leurs suppléants. Eh bien! si le service est réduit le dimanche, il y aura moins de suppléants et par suite économie. Les agents ordinaires se remplaceront entre eux par voie de roulement.

LES INSTITUTEURS PRIMAIRES

L'ordre du jour de la Chambre appelait, le 18 mars 1893, la suite de la délibération relative au classement et au traitement des *instituteurs primaires*.

Dans un éloquent discours, le *leader* du *parti socialiste*, M. Jaurès, avait constaté que le recrutement des instituteurs, et en particulier des écoles normales, avait sensiblement diminué depuis quelques années. Une des causes, selon lui, de cette diminution avait pour principe les déceptions qui avaient suivi la promulgation de la *loi* de 1889 sur le traitement, l'avancement et la retraite des instituteurs. Il terminait son brillant discours en proclamant que l'honneur et la force de la République étaient d'avoir entrepris de faire l'éducation intellectuelle et morale du peuple, en dehors de la participation du pouvoir religieux; et que, pour arriver à réaliser ce magnifique programme, il fallait des maîtres qui eussent la sécurité et l'indépendance morales assurées par l'indépendance matérielle.

Quand, plusieurs années auparavant, ce projet de loi était venu en discussion, Mgr Freppel avait dit : « Si le projet soumis à vos délibérations n'avait d'autre résultat que d'améliorer le sort des instituteurs primaires, je ne serais pas à cettte tribune; car je reconnais *bien* volontiers, avec M. le rapporteur de la Commission, que les traitements de la plupart des membres de l'enseignement primaire ne sont pas assez élevés. Certes, ce n'est pas moi qui marchanderai aux instituteurs primaires une élévation de traitement que leurs pénibles fonctions ne justifient que trop. »

S'inspirant des paroles de son illustre devancier, Mgr d'Hulst ne disputait pas aux instituteurs l'amélioration de leur sort, au point de vue matériel; mais il venait combattre, par le discours suivant, la situation et la mission morales qu'on semblait vouloir leur donner.

Nous avons, messieurs, à émettre un vote qui me préoccupe. Si je suis mes sympathies, j'émettrai un vote favorable à la loi. En effet, dans la mesure du possible, avec des lacunes peut-être, je crois que le Gouvernement et la commission ont présenté des propositions qui réalisent à peu près ce que l'on peut espérer d'immédiat pour l'amélioration du sort de ces fonctionnaires, si dignes de notre sympathie et de nos encouragements, qui s'appellent les instituteurs primaires.

D'autre part, il m'est impossible de ne pas me préoccuper, comme vous tous, des conséquences budgétaires de ce vote dans le présent et dans l'avenir. Dans le présent, on nous demande une quinzaine de millions; mais il faut ajouter aux dépenses que l'application du projet entraînera pour les fonctionnaires en activité, les dépenses croissantes dont M. le ministre vient tout à l'heure d'ouvrir devant nous les alarmantes perspectives, et qui se reportent sur le budget des pensions de retraite.

Ou bien on s'opposera à cette augmentation indéfinie en continuant à refuser tous les ans un très grand nombre de mises à la retraite qui seraient opportunes et justifiées; ou bien on donnera satisfaction à ces demandes parce qu'elles sont opportunes et justifiées, et on verra s'augmenter dans des proportions énormes ce budget des pensions civiles qui est déjà considérable, et qui pèse comme une menace sur nos budgets.

Je crains donc d'être obligé de me réfugier dans l'abstention, et je me rassurerai en pensant qu'il a dépendu de la majorité de cette Chambre de ne pas créer cette situation obérée.

Dans d'autres administrations, on peut critiquer le nombre des fonctionnaires, qui dépasse la réalité des besoins ; c'est en effet une mauvaise tradition de l'administration française, et généralement de l'administration des peuples latins, de multiplier au delà des besoins les fonctionnaires publics, et de se tirer d'affaire en les payant mal. Ailleurs, on a pour système de réduire le nombre des fonctionnaires et de les payer bien. De cette façon, on est bien servi, et il n'en coûte pas autant.

Si nous prenons la loi telle que vous l'avez faite, nous ne pouvons pas dire que les fonctionnaires enseignants soient trop nombreux. Au contraire, il y a de grandes agglomérations où l'on pourrait désirer qu'ils le fussent davantage et que la classe confiée à un même maître fût moins nombreuse. D'autre part, là où il n'y a qu'une seule classe, fût-elle à peu près déserte, il faut au moins un maître ; on ne peut donc pas dire que les fonctionnaires dont il s'agit soient trop nombreux.

Il est seulement permis de regretter que, par cette succession de lois dont vous vous glorifiez tous les jours et qu'on rappelait tout à l'heure encore avec orgueil, vous vous soyez mis dans la nécessité de multiplier les instituteurs publics en leur faisant un sort médiocre, parce que vous avez exclu d'autres instituteurs, publics aussi, mais qui vous coûtaient moins cher. Voilà donc comment je crois pouvoir dire que la majorité de cette Chambre est responsable par ses votes antérieurs de la situation obérée dans laquelle elle se débat... [1].

Je remercie M. le ministre de l'instruction publique de la sollicitude qu'il a témoignée aux instituteurs; mais je me permets, à cette occasion, de lui signaler et de signaler à la Chambre d'autres moyens de rendre cette sollicitude plus efficace encore et plus pratique. Ce serait la réforme de certains règlements que je ne connaissais pas et qui m'ont été opposés en réponse à une demande que j'avais faite moi-même en faveur d'un instituteur public. Cet instituteur est atteint d'une laryngite qui ne compromet pas sa vie, qui lui laisse même

---

1. M. LEYDET. — C'étaient les populations qui payaient auparavant; ne l'oubliez pas!

M. D'HULST. — Je dis que les instituteurs congréganistes étaient beaucoup moins payés que les instituteurs laïques et que, par conséquent, avec des instituteurs aussi nombreux qu'ils le sont aujourd'hui, vous aviez un budget moins élevé.

M. LEYDET. — Les pères de famille ne paient plus la rétribution scolaire.

M. D'HULST. — Si vous voulez que nous engagions un débat sur la gratuité, je suis prêt à le soutenir. Je crois que la loi de gratuité est essentiellement antidémocratique et nuisible.

M. LAVY. — Il est certain qu'elle vous a été nuisible!

M. D'HULST. — Elle a eu pour résultat de faire payer à tout le monde et même aux pauvres, dans une certaine mesure, l'instruction de ceux qui, autrefois, la payaient eux-mêmes. Mais nous ne pouvons revenir là-dessus; ce n'est pas la question.

M. JACQUES. — Les congréganistes ne pouvaient pas rester neutres.

M. D'HULST. — Personne ne peut rester neutre; la neutralité, c'est le néant.

toutes ses forces, mais qui lui rend extrêmement pénibles et difficiles les fonctions de l'enseignement. Il est très bien noté ; il est âgé de trente-cinq ans, et il m'a prié d'appuyer auprès du ministre une demande d'admission dans quelque administration publique, de préférence dans les bureaux de l'instruction publique.

Il m'a été répondu que les règlements s'opposaient à l'admission dans ce personnel d'un candidat âgé de plus de trente ans, comme si un instituteur qui enseigne depuis l'âge de vingt ans pouvait être considéré comme un homme nouveau, comme un de ces désœuvrés qui s'éveillent à trente ans d'un long sommeil et s'aperçoivent seulement alors qu'ils ont besoin de travailler.

Je ne veux pas discuter les règlements qui m'ont été opposés dans la réponse ministérielle... [1]. Mais je ne vois pas en quoi les principes d'ordre public seraient violés parce qu'un fonctionnaire qui a servi l'État d'une manière honorable et satisfaisante pendant quinze ans dans l'instruction publique, ne pouvant pas continuer à cause de l'état de son larynx, serait employé dans les bureaux du ministère de l'instruction publique ou de l'intérieur. Si les règlements s'y opposent, qu'on réforme les règlements ! Il y a là une manière très naturelle, très facile, de témoigner de notre sollicitude pour les instituteurs.

---

1. M. LE MINISTRE. — Il s'agit d'un décret du Conseil d'Etat.

M. D'HULST. — Il me semble, alors, qu'il y aurait lieu, pour le Gouvernement, de provoquer la réforme d'un pareil décret.

Le Conseil d'État élaborera le règlement que le Gouvernement lui présentera. Il n'y a pas là de ces questions de principe, ni de droit absolu, devant lesquelles la conscience de MM. les conseillers d'État puisse reculer.

Je vous demande la permission de faire encore une observation à propos d'une parole de M. le ministre de l'instruction publique, parole qui a motivé de ma part, hier, une interruption à laquelle il a fait tout à l'heure allusion.

M. le ministre répondait à une observation de M. Lavy relative à l'insuffisance du nombre des instituteurs. Il en discutait les causes et il n'admettait pas que la loi militaire fût pour quelque chose dans cette diminution. Mais, à l'appui de cette dénégation, il ne nous a pas apporté de fait.

Il nous a apporté une sorte de raisonnement *a priori*. Il est inadmissible, a-t-il dit, que des hommes aussi honorables et aussi dévoués à leur patrie que sont les aspirants instituteurs reculent devant le service militaire; par conséquent, il ne se peut pas que ce soit là une des causes de la diminution du nombre des candidats aux écoles normales.

Je saisis cette occasion pour faire remarquer que ces sortes de raisonnements ne prouvent pas grand'-chose.

Il y a une certaine fiction d'enthousiasme universel pour le service militaire, qui ne me paraît pas extrêmement sérieuse. Le service militaire, en temps de paix, est onéreux pour tout le monde, et je ne vois pas vraiment de honte à chercher quelque moyen de s'y soustraire, lorsqu'on se sert pour cela de moyens légaux.

Trouvez-vous, par exemple, qu'un jeune homme qui aime mieux pousser ses études jusqu'au doctorat en droit ou jusqu'à la licence ès lettres ou ès sciences, et faire une seule année de service militaire plutôt que d'habiter la caserne pendant trois ans, sera moins bon Français et moins décidé à défendre son pays au péril de sa vie en temps de guerre? Certainement non.

Je ne vois pas vraiment pourquoi on ferait un crime à ceux qui, autrefois, auraient trouvé dans les fonctions de l'instruction publique une manière d'échapper à cet assujettissement en temps de paix, — je ne vois pas pourquoi, dis-je, on leur ferait un crime de dire qu'il y a là pour eux, aujourd'hui, un attrait de moins.

Mais quand vous avez voté la loi du service universel, quand vous avez supprimé les équivalences de services publics qui avaient leur raison d'être, vous saviez parfaitement ce que vous faisiez; vous vouliez, — je crois pouvoir dire uniquement, — du moins principalement atteindre l'immunité du clergé. Vous l'avez fait; prenez-en maintenant votre parti, et si les résultats vous semblent fâcheux, si en même temps que le culte, vous vous trouvez avoir frappé l'enseignement, alors réformez la loi!

Les instituteurs protestent à leur manière en se présentant moins nombreux à l'école normale.

Je répondrai maintenant d'un mot à mes honorables collègues, MM. Lavy et Jaurès. Tous deux ont réclamé en termes forts éloquents pour les instituteurs une grande indépendance, et M. le ministre de l'instruction publique est venu déclarer qu'il s'appropriait ce principe, et qu'il était pour sa part décidé à protéger l'indépendance des instituteurs sur le terrain politique. Nous avons tous pris acte avec une visible satisfaction de ces paroles de M. le ministre, et il ne me reste plus qu'une chose à désirer pour croire à leur efficacité, c'est de voir M. le ministre de l'intérieur y apporter son contre-seing.

Tant qu'il ne l'aura pas fait, nous serons persuadés que M. le ministre de l'instruction publique veut cette indépendance; mais nous n'oublierons pas que l'instituteur est subordonné à la fois à deux ministres au moins, et que, pendant que l'un dira : « Soyez indépendant! » l'autre dira : « Servez, et servez docilement; servez avec zèle la cause politique que je vous confie! »

Les exemples ne manqueraient pas, si vous vouliez qu'on vous en apportât.

Il y a à peine quelques jours que le préfet d'un des plus grands départements de France, dans une réunion nombreuse d'instituteurs, les exhortait en termes très énergiques à combattre bientôt le bon combat électoral. Cela s'est passé dans le Nord.

Cela prouve que l'administration de l'intérieur n'est pas aussi soucieuse que l'administration de l'instruction publique de l'indépendance des instituteurs, puisqu'elle les exhorte à se faire les serviteurs d'une cause électorale.

Je pourrais vous citer un exemple qui me concerne. Lorsque je me suis présenté l'année dernière aux élections qui m'ont amené parmi vous, je ne me suis pas présenté comme un adversaire de la République, ni comme ayant pour mission de la renverser. Eh bien, au dépouillement du scrutin, il s'est trouvé une commune où j'avais obtenu l'unanimité des suffrages. Savez-vous quel a été à cette nouvelle le cri du cœur poussé par le sous-préfet de l'arrondissement : « Ah çà ! il n'y a donc pas d'instituteur dans cette commune ? »

Tant que vous penserez ainsi, tant que les préfets et le ministre de l'intérieur penseront ainsi, l'indépendance que M. le ministre de l'instruction publique promet aux instituteurs, ne leur sera pas garantie ; elle sera purement illusoire.

Il ne faut pas se payer de mots ; c'est tout ce que je voulais dire.

Je ferai encore une dernière observation à propos des paroles que j'ai trouvées successivement sur les lèvres de M. Jaurès et sur celles de M. Lavy. Il s'agit du rôle que je pourrais appeler doctrinal, réservé aux instituteurs.

M. Jaurès, tout en s'applaudissant que la laïcisation de l'enseignement ait confié aux instituteurs une tâche qui fait d'eux des initiateurs de morale, a cependant qualifié cette tâche d'effrayante, et cela prouve en faveur de son discernement.

Permettez-moi de ne pas l'appeler seulement effrayante, mais impossible.

C'est ici que j'aurais lieu de répondre à ce qu'on me disait tout à l'heure, au sujet de la neutralité. La neutralité, c'est l'abstention ; donner un enseignement qui serait vraiment neutre, ce serait donner un enseignement nul... [1].

Oui, je le répète : donner en matière de morale un enseignement rigoureusement neutre à l'égard des questions d'origine et de principes, c'est donner un enseignement absolument nul... [2].

1. *Exclamations à gauche.*

2. M. CHAUTEMPS. — La neutralité en matière de mo-

Si l'initiateur veut respecter la neutralité, il réduira son enseignement à un résidu de plus en plus minime dont la couleur sera de plus en plus pâle.

S'il veut vraiment se renfermer dans ce rôle noble et élevé que vous vous flattez d'avoir fait sien, celui d'initiateur de morale, il sera entraîné à prendre parti, sinon sur les questions religieuses proprement dites, tout au moins sur les questions philosophiques qui touchent de très près aux questions religieuses. Voilà pourquoi M. Jaurès a eu raison d'appeler cette tâche effrayante, et j'ai pu, moi, la déclarer complètement impossible.

Il a dit encore un mot qui a retenu mon attention : à savoir que c'était la gloire de la République d'avoir confié cette tâche à l'instituteur après avoir séparé l'enseignement de tout lien avec la religion. Il convient, a-t-il dit, que la République tire de son fonds tout ce dont elle a besoin pour exister.

Je me demande quel est le fonds où la République ira chercher, et d'où elle tirera ses principes de philosophie et de morale? La République, si je ne me trompe, et si vous n'avez pas changé le sens

---

rale n'est pas la même chose que la neutralité en matière de religion.

M. Burdeau. — La morale n'est liée à aucune confession.

M. d'Hulst. — Vous ne pouvez pas enseigner la morale sans prendre parti sur cette question : Y a-t-il oui ou non un lien entre la morale et la religion?

M. Chautemps. — Il n'y en a pas.

M. d'Hulst. — Si un instituteur enseigne à ses élèves qu'il n'y a pas de lien entre la morale et la religion, il prend parti précisément dans le grand débat qui nous sépare de vous.

du mot, est une forme de gouvernement dans laquelle le pouvoir n'est pas confié à un chef unique et héréditaire. Mais quand il s'agit d'assigner à la morale ses vraies bases, ce n'est pas une question constitutionnelle, c'est une question de philosophie ou de religion, et, quoi que vous fassiez, le fonds où la République de vos rêves, celle qui vous est chère, ira puiser cet enseignement que vous voulez opposer à l'enseignement religieux, ce ne sera pas un fonds de politique, mais un fonds de philosophie.

Donc, il est matériellement impossible que la République, qui n'est qu'une forme de gouvernement, tire de son fonds tout ce qui lui est nécessaire pour exister... [1].

Oui, vous avez une doctrine ; donc, vous n'êtes pas neutre. La doctrine qu'il vous faut, vous irez nécessairement la chercher dans une certaine philosophie qui aura ses affirmations et ses négations, et qui sera en conformité ou en antagonisme avec d'autres doctrines. Ce sera là le fonds d'où vous tirerez votre enseignement ; et cette neutralité dont vous vous prévalez sans cesse s'évanouira une fois de plus dans la chimère. Voilà ce que je voulais vous dire.

Si vous vouliez faire acte de sagesse patriotique et assurer du même coup la République et la paix publique, savez-vous ce que vous feriez ? Vous chercheriez de plus en plus à préserver l'instituteur du péril au-devant duquel vous le jetez sans cesse ; et

1. M. Jaurès. — Mais elle est une religion.

M. d'Hulst. — Monsieur Jaurès, c'est justement ce que je voulais vous faire dire, et je suis charmé de recueillir cet aveu.

tandis que M. Lavy souhaite de voir en lui une sorte de prêtre laïque, vous voudriez qu'il fût le moins prêtre possible, qu'il se bornât à enseigner l'histoire, le calcul et tous les éléments de connaissances dont l'homme a besoin pour faire son chemin dans la vie.

Un homme ne se fait pas seulement à l'école ; son complément moral se fait ailleurs. Laissez la famille, laissez la religion remplir leur mission. A cette condition seulement, vous pourrez ramener la paix dans les esprits, et l'union dans les cœurs. Avec vos doctrines d'Etat que la force impose et que nos consciences repoussent, c'est la guerre que vous organisez. Or la guerre, la défiance réciproque, l'antagonisme perpétuel ne peuvent pas, ne doivent pas rester la loi des rapports entre les enfants d'une même patrie.

LA NOUVELLE LÉGISLATION

SUR LES FABRIQUES

M. de Baudry d'Asson interpellait le Gouvernement, le 10 mars 1894, sur le décret concernant les fabriques, et sur son application.

Au début de son interpellation, faisant une allusion visible à Mgr d'Hulst et à M. l'abbé Lemire, le nouveau député ecclésiastique, l'orateur s'exprimait ainsi : « J'ai espéré longtemps que des voix plus autorisées que la mienne apporteraient à cette tribune la protestation que légitime le décret du 27 mars 1893 sur la comptabilité des fabriques; mais puisque mon espoir a été déçu, j'accomplis ce que je considère comme un devoir impérieux pour un député catholique. »

M. Spuller, ministre des cultes, avait répondu qu'en dépit des protestations dont l'interpellateur s'était fait l'écho, la loi serait appliquée comme doivent être appliquées toutes les lois, dans son texte et dans son esprit.

« L'État, concluait le ministre, considère que le règlement des questions relatives au temporel du culte lui appartient exclusivement. C'est un droit qu'il a toujours exercé et qu'il continuera d'exercer dans sa plénitude, sans fléchir, sans s'abaisser, avec une inflexible modération. »

Il n'était pas inutile de citer les paroles de M. de Baudry d'Asson et celles de M. le ministre des cultes, afin de pouvoir saisir le sens et la finesse de la réponse de Mgr d'Hulst.

L'occasion était bonne pour le prélat de parler de cette fameuse loi des fabriques qui, à tant de titres, préoccupe si gravement les évêques et les curés pour leur administration. Il en profita.

Messieurs, il me paraît impossible qu'il ne soit pas répondu quelques brèves paroles à M. le ministre, paroles qui seront empreintes, elles aussi, d'une grande modération ; je n'ai pas besoin d'ajouter : « inflexible » ; je désirerais plutôt que ma modération fût assez flexible pour s'adapter à vos convictions.

En commençant à développer son interpellation, l'honorable M. de Baudry d'Asson a fait remarquer qu'il avait attendu longtemps que d'autres voix s'élevassent, que d'autres députés catholiques intervinssent les premiers, pour jouer le rôle qu'à la fin, et à leur défaut, il s'est cru obligé d'assumer. Par là même, il indiquait assez clairement ce qui est la vérité : c'est que, bien qu'en parfaite communion d'idées et de sentiments avec lui sur le fond de la question, je me sépare — et je crois que je ne suis pas le seul — je me sépare entièrement de lui sur la portée de son interpellation. Je puis être très bref en motivant cette divergence, puisque M. le ministre des cultes vient de la motiver lui-même.

Une interpellation s'adresse non pas à la Chambre, mais au pouvoir exécutif, qui l'accepte avec la permission de la Chambre.

On demande au pouvoir exécutif ou de rendre compte de ses actes ou de donner des garanties touchant sa conduite à venir. Or, nous sommes ici en présence non pas d'un acte du Gouvernement, — je vous dirai même tout à l'heure qu'il y a eu plutôt en tout ceci absence d'action gouvernementale, —

nous sommes en présence d'un article de loi voté comme par surprise... [1].

Je dis que le Gouvernement, en préparant le budget de 1892, ne paraissait pas du tout avoir songé à modifier la comptabilité des fabriques. C'est l'initiative parlementaire, représentée par M. César Duval, qui a introduit un article nouveau dans la loi des finances.

Je n'étais pas député alors, mais il m'est permis comme aux autres de consulter les *Annales parlementaires*.

Eh bien! M. César Duval, usant de l'initiative parlementaire, a proposé un article qui a été tantôt l'article 85, tantôt l'article 86, et qui finalement est devenu l'article 78 de la loi de finances promulguée le 26 janvier 1892. Au début, le Gouvernement n'aurait pris aucune initiative; il a défendu assez mollement, à la Chambre et au Sénat, l'article qui était proposé, et surtout il s'est préoccupé, dans la brève discussion qui a eu lieu à la Chambre, — à sept heures du soir, dans une séance où l'on siégeait depuis neuf heures du matin, et au Sénat dans une séance ultérieure, — de rassurer complètement l'opinion des catholiques, de ceux qui défendaient

---

1. (*Dénégations sur divers bancs.*)

M. LE PRÉSIDENT. — Monsieur d'Hulst, cet article a été l'objet d'une discussion.

M. FERNAND DE RAMEL. — D'une demi-heure, à la fin d'une séance!

M. D'HULST. — Laissez-moi m'expliquer. (*Bruit.*)

M. LE PRÉSIDENT. — Je rappelle à l'orateur qu'il y a eu discussion.

M. D'HULST. — Je ne le conteste pas, Monsieur le Président, j'allais le dire.

l'intérêt de nos églises contre le caractère et la portée de cette nouvelle législation.

M. César Duval, du reste, l'avait précédé dans cette voie, et M. Fallières, garde des sceaux et ministre des cultes, disait, tout comme M. Duval : Mais vous vous alarmez à tort : il ne s'agit nullement de bouleverser la législation des fabriques ni de porter atteinte aux principes qui régissent cette matière ; il s'agit simplement d'introduire un peu d'ordre et de régularité et de fournir quelques garanties d'une gestion financière meilleure ; les juridictions ne seront pas modifiées, les responsabilités ne seront pas déplacées.

Et alors, au Sénat, M. Lucien Brun faisait remarquer que l'article 78 était bien bref, qu'il posait seulement un principe renvoyant toute l'organisation, sans même en indiquer les grandes lignes, à un règlement d'administration publique, et il disait : Cet arbitraire, je ne veux pas vous dire qu'il m'effraye, mais il m'inquiète.

Il ne s'inquiétait pas à tort, Messieurs. Avant lui, l'honorable et à jamais regretté député dont j'occupe le siège — Mgr Freppel — avait exprimé les mêmes doutes. Vous savez que ce fut son dernier discours ; il le prononça avec une rare énergie, déjà gravement malade et huit jours avant sa mort ; eh bien, les observations que Mgr Freppel présentait ici, que M. Lucien Brun renouvelait quelques jours après au Sénat, me semblent absolument justifiées par l'étude détaillée et attentive que j'ai faite du décret du 27 mars 1893.

Je dis donc que je ne puis demander compte au Gouvernement du vote d'une loi qu'il n'a pas présentée, — et, l'eût-il présentée, — c'est le Parlement qui en est responsable. Je ne puis davantage lui demander compte des dispositions d'un décret rendu en conseil d'Etat, en vertu d'une délégation législative.

Il me semble — partageant entièrement, quoique pour des motifs juridiques peut-être un peu différents, et que j'aurais présentés d'une autre manière, les scrupules de mon honorable collègue M. de Baudry d'Asson, — que ce n'est pas par voie d'interpellation qu'il était à propos de faire valoir nos griefs : c'est par voie législative.

Seulement, il me paraît impossible de ne pas répondre quelques mots aux paroles que vient de prononcer tout à l'heure M. le ministre des cultes avec une grande élévation de pensée et de langage. Cependant la modération si grande dont il a fait preuve dans la forme, cachait, à mon avis, plus d'inflexibilité que de douceur, et peut-être aussi, malgré sa haute compétence, lui est-il arrivé d'être trop absolu et de verser trop d'un côté dans l'affirmation des droits exclusifs et unilatéraux de la puissance publique en matière de règlement fabricien.

Il nous a dit, si j'ai bien entendu et si j'ai bien compris : « De tous temps en France, aussi bien sous le régime concordataire que sous l'ancienne monarchie, toute l'organisation de ces établissements temporels qui gèrent les biens de l'Église ont ressorti et ressortissent exclusivement à la juridiction civile de l'État laïque. Aucun accord n'est nécessaire à cet égard entre les deux pouvoirs spirituel et temporel. » Or, cette déclaration, dans cette forme générale, est vraiment trop absolue, et je pourrais opposer à M. le ministre les paroles d'hommes qui ne passent pas pour avoir fait bon marché des droits de la puissance laïque.

Portalis, dans son rapport au premier consul, sur les articles organiques, expliquait ainsi l'article 76, qui avait prescrit l'établissement des fabriques pour veiller à l'entretien et à la conservation des temples :

« Les fabriques, quoique corps laïque, n'existant cependant que pour le bien des églises, ne sauraient être étrangères dans leur administration au ministre des cultes. » Il s'agissait là des prêtres, et non des secrétaires d'État au département des cultes.

« Cela était vrai sous l'ancien régime, quoique les fabriques eussent alors des biens dépendants de ceux du clergé ; aujourd'hui, cela est bien plus vrai encore, puisque les fabriques n'ont, dans la plupart des paroisses, d'autres biens à administrer que les aumônes, les oblations ou le produit des chaises dans l'intérieur des temples. »

M. le ministre a encore invoqué la discussion qui a eu lieu à la Chambre des pairs sous le gouvernement de Juillet, au moment où se préparait la loi municipale de 1837.

Eh bien ! vous savez que la prétention de soumettre la gestion financière des fabriques aux règles absolues de la comptabilité publique fut repoussée par les Chambres à cette époque, et voici la raison qu'en donnait le rapporteur à la Chambre des pairs :

« Parce que les fabriques sont des établissements qui ont un caractère particulier, que l'administration en a toujours été concertée et se combine avec l'action de l'autorité ecclésiastique, et que leurs revenus se composent d'objets étrangers aux ressources communales. »

Ainsi, messieurs, alors que M. le ministre des

cultes a dit : L'État, sous l'ancien régime et, à plus forte raison, l'État moderne doit légiférer seul en ces matières, sans avoir besoin de se concerter d'une façon quelconque, même à titre purement consultatif, avec les représentants de l'autorité ecclésiastique ; alors, dis-je, que M. le ministre a apporté cette affirmation, Portalis, en 1801, et le Parlement français, en 1837, exprimaient une opinion absolument différente.

Je ne veux pas me placer ici sur le terrain du droit canonique pour contester les droits de la puissance séculière dans la surveillance de cette gestion, qui touche par certains côtés aux intérêts des particuliers et à ceux des communes. Mais, quoi qu'en dise M. le ministre, il y a aussi quelque chose de spirituel dans cette question, et l'on ne saurait en contester, comme il l'a fait, le caractère mixte.

J'exprimerai donc une opinion moyenne, plus conforme, ce semble, à cette modération à laquelle M. le ministre nous a invités tout à l'heure. J'estime que le régime concordataire, qui est celui sous lequel sont placées jusqu'à *nouvel ordre* les relations de l'Église et de l'État en France, étend son influence aussi bien sur l'administration temporelle des fabriques que sur les autres parties de la législation des cultes.

C'est, en effet, en vertu du Concordat, non pas du texte même des articles, mais en exécution de cette grande convention qui a été conclue entre le souverain pontife et le premier consul en 1801, que les fabriques ont été constituées; et la loi du 18 germinal an X, destinée à mettre en mouvement le régime créé en principe par le Concordat, a disposé dans son avant-dernier article qu'il y aurait lieu d'instituer des fabriques « pour veiller à l'entretien et à la conservation des temples et à l'administration des aumônes ».

Monsieur le ministre, vous avez dit : Le législateur du 30 décembre 1809 n'a pas consulté l'Église pour donner à cette institution fabricienne toute son organisation. C'est vrai. Il n'y a pas eu de consultation directe, mais le décret de 1809 n'a été lui-même que le couronnement d'une série de mesures législatives prises entre 1801 et 1809 et dont, si l'heure n'était pas si avancée, je vous donnerais la liste.

Or, tous ces décrets sucessifs n'étaient pas autre chose que les actes de la puissance publique traduisant en réalités pratiques et administratives les principes posés par le Concordat, à savoir que, d'une part, il serait pourvu d'une manière convenable au traitement du personnel ecclésiastique et que, d'autre part, l'Église renaissante serait mise, par des moyens convenables, en mesure d'exercer ses fonctions spirituelles dont l'entière liberté est expressément inscrite à l'article 1er du Concordat.

Voilà donc dans quelles mesures, à mon avis, M. le ministre a outrepassé la vérité, quand il a revendiqué en termes aussi absolus et aussi exclusifs le caractère séculier de cette législation.

Maintenant, messieurs, je ne veux pas reprendre en détail la critique du décret du 27 mars, tout le débat porte sur le décret, puisque la loi, qui n'est qu'un article de la loi des finances, dispose en deux mots : « A partir du 1er janvier 1894, les comptes et budgets des fabriques et consistoires seront soumis à toutes les règles de la comptabilité des autres établissements publics. »

On peut penser, — et c'est tout à fait mon avis, —

que cette législation était inutile ; mais on ne peut pas discuter bien longuement un texte de trois lignes qui ne précise rien. Toute l'économie nouvelle est dans le décret ; c'est donc le décret qui donne matière à discussion.

M. le ministre est venu affirmer que ce décret ne faisait pas autre chose que de traduire la loi en une réalité pratique et applicable. Or, je lui en demande bien pardon, ainsi qu'au conseil d'État qui a préparé ce décret ; mais il me paraît évident que sur deux points très importants le règlement édicté non seulement ajoute inutilement à la loi du 26 janvier 1892, mais encore en altère et en dénature l'esprit et le caractère. Car, enfin, si nous voulons nous reporter à cette discussion du 15 décembre 1891, dont je parlais tout à l'heure, qu'a-t-on répondu à Mgr Freppel et, plus tard, au Sénat, le 9 janvier 1892, à M. Lucien Brun, quand ils manifestaient leurs inquiétudes? On leur a dit : Il ne s'agit que d'organiser la comptabilité d'une façon régulière, la loi ne vise que l'apurement des comptes ; il ne s'agit pas de toucher à l'organisation des fabriques. C'est cependant ce que fait sur deux points très importants le décret du 28 mars.

Les deux points sur lesquels le décret de 1893 me paraît avoir dépassé le mandat, la délégation législative qui avait été donnée au conseil d'État, les voici : c'est d'abord, la substitution éventuelle du percepteur au comptable, au trésorier de la fabrique ; c'est, en second lieu, l'inscription nécessaire des oblations destinées au personnel dans la comptabilité de la fabrique.

M. le ministre vous a dit que la substitution du percepteur au comptable : 1° ne constituait aucun abus ;

2° qu'il dépendait des fabriques d'échapper à cette extrémité si elle leur déplaisait.

Je ne nie pas le bien fondé de cette observation, mais j'ajoute que la complication extraordinaire des règles de comptabilité qu'on veut désormais imposer à des établissements très simples, très pauvres généralement, qui sont administrés par des hommes fort peu au courant de toutes les règles administratives et financières, que cette complication, dis-je, est telle que, sans écouter l'esprit de parti, sans faire d'opposition systématique, on peut prévoir et annoncer que dans un très grand nombre de paroisses il sera impossible de trouver un trésorier de fabrique ou même un autre comptable indépendant prêt à accepter les charges et les responsabilités d'un mandat aussi agrandi, de sorte que ce ne sera pas un cas extraordinaire ni exceptionnel, ce sera, avec le temps, le cas le plus fréquent que celui où le percepteur viendra prendre la place du délégué de la fabrique.

Et il nous est bien permis d'exprimer la crainte que cette substitution, surtout si elle devient générale, n'altère le caractère de l'administration fabricienne, puisqu'elle en livrera la direction à un fonctionnaire complètement étranger à la fabrique.

Vous nous répondez : Que voulez-vous ? Il fallait bien prendre cette précaution contre la grève des marguilliers. Je ne trouve pas que ce soit une manière de justifier un acte qui en lui-même est illégal ; car enfin cette grève pourquoi la redoutez-vous avec raison ? Parce que vous l'avez préparée en chargeant la comptabilité, la gestion des fabriques d'un poids si lourd que ceux qui sont normalement désignés pour porter ce poids devront se dérober. Vous venez dire : Si ceux que cela regarde ne peuvent pas supporter ce poids écrasant sur leurs épaules, il faut bien qu'on y pourvoie et qu'un fonctionnaire compétent soit substitué à celui qui, d'après l'économie générale de la législation des fabriques, serait seul compétent.

C'est absolument comme si, une succession étant ouverte qui intéresse des mineurs, on commençait par rendre impossible, à force de vexations, la tâche du tuteur, pour venir ensuite, quand il l'aurait désertée, se mettre sans droit à sa place en disant : « On ne peut pas laisser la tutelle vacante. »

Voilà ce que je répondrai à M. le ministre en ce qui concerne la substitution des percepteurs aux comptables des fabriques.

Quant à l'inscription des oblations en recette, je n'insiste pas de peur de vous fatiguer. C'est pourtant une chose bien étrange; la loi du 26 janvier 1892 a dit : La comptabilité des fabriques sera assimilée à celle des deniers publics, et le décret vient dire : Les deniers du clergé, ceux des employés de l'Église, qui ne sont à aucun degré deniers de fabrique, seront assimilés, eux aussi, aux deniers publics et figureront obligatoirement dans la comptabilité fabricienne, — hors budget sans doute, mais on les inscrira. De quel droit exigez-vous cela, et dans quel intérêt? Du droit que vous prenez et dans l'intérêt de la statistique.

Grand merci pour les statistiques, mais les particuliers ne vous livreront pas leurs comptes.

Je me résume et je termine.

Ce n'est pas par voie d'interpellation que je comprends qu'on fasse valoir les trop justes réclamations que soulève la nouvelle législation fabricienne.

Il y a un autre recours, c'est celui qu'on peut former devant la justice du pays. Ceux qui pensent, comme moi, que le décret du 27 mars 1893 a outrepassé sur plusieurs points importants, — deux au moins, — la délégation qu'il tenait de la loi, ceux-là ont parfaitement le droit de refuser leur obéissance... [1].

Je dis que les fabriciens qui partagent mon opinion peuvent contester la légalité de cette partie du décret qui leur paraît abusive; qu'ils peuvent se refuser à l'exécuter et se laisser poursuivre devant le Conseil de préfecture ou la Cour des comptes. Ils peuvent même prendre l'offensive et attaquer eux-mêmes le décret pour abus de pouvoir devant le conseil d'État siègeant au contentieux.

Je sais bien qu'il peut vous paraître étrange qu'on se pourvoie devant le conseil d'État contre le conseil d'État. Cependant il n'est pas rare qu'on obtienne justice dans ce cas. Je ne suis pas de ceux qui re-

---

1. *Exclamations à gauche.*

M. ANTONIN DUBOST, *garde des sceaux, ministre de la justice et des cultes.* — Personne n'a le droit de refuser obéissance à la loi. Ne vous y aventurez pas!

M. D'HULST. — Monsieur le garde des sceaux, puisque vous m'interpellez, je vous prie de m'écouter. Vous me prouvez par vos paroles que vous ne m'avez pas écouté.

Je dis et je répète que, en présence d'une exigence qui paraît illégale à un citoyen, celui-ci a le droit de se pourvoir par un recours régulier devant la juridiction compétente.

J'ai dit que je considérais plusieurs parties du décret comme illégales et que j'approuverais la conduite des fabriques qui, partageant mon opinion, se pourvoiraient devant la justice administrative.

fusent toute confiance à la justice administrative; cependant je préférerais beaucoup qu'il n'y eût qu'une seule justice universelle pour tous les citoyens.

Je n'ai qu'un mot à ajouter et je termine. J'ai assez clairement indiqué que je n'aurais pas pris l'initiative de ce débat sous la forme d'une interpellation; mais, puisque l'interpellation a eu lieu, il faut qu'elle ait une conclusion.

L'honorable M. de Baudry d'Asson a déposé un ordre du jour motivé; j'en dépose un autre, dont je donne lecture à la Chambre :

« La Chambre, considérant que la question de la législation des fabriques dépasse la portée d'une simple interpellation et ne peut être résolue que par voie législative, passe à l'ordre du jour [1]. »

---

1. Mgr d'Hulst, s'étant rallié à l'ordre du jour pur et simple, équivalent de sa proposition, demandé par un grand nombre de voix et accepté par le Gouvernement, celui-ci fut adopté.

L'ÉGLISE ET L'ANARCHIE

Au lendemain de l'attentat d'Émile Henry, et des mesures votées par la Chambre contre les anarchistes, il fallait à M. Jaurès une certaine audace — qu'on nous pardonne l'expression — pour interpeller « sur les mesures que le Gouvernement comptait prendre contre les capitalistes et les prêtres, qui ont subventionné la propagande par le fait. »

Déposée le 8 mars 1894, et renvoyée à un mois, cette interpellation fut discutée le 30 avril suivant.

« C'est une question politique que j'entends poser ici, disait M. Jaurès.

« La peur de l'anarchie est venue en aide à la politique du ralliement.

« Le gouvernement s'est prêté complaisamment à cette *tactique* en vue d'entraver les efforts et la propagande du parti socialiste.

« Les hautes classes sociales et le clergé ont cherché à exploiter l'anarchisme pour jeter la République dans la réaction. »

— « Cette mauvaise plaisanterie » de l'orateur socialiste, comme disait le journal le *Monde*, fut l'occasion d'une séance orageuse et passionnée.

M. de Mun, particulièrement pris à partie par M. Jaurès, — si bien qu'il pouvait dire, avec raison, que l'interpellation semblait s'adresser plus à lui-même qu'au Gouvernement, — prononça, en cette circonstance un de ses plus éloquents et de ses plus magnifiques discours parlementaires.

MM. Dubost, ministre, et le vicomte d'Hugues prirent également part à la discussion.

Enfin, Mgr d'Hulst — malgré quelques députés, qui réclamaient la clôture — fit entendre, à la fin de la séance, cette éloquente et courageuse protestation :

Je n'avais nullement l'intention d'intervenir dans ce débat ; d'avance j'étais convaincu que les faits qui seraient apportés par l'honorable M. Jaurès, quel que fût l'art avec lequel il saurait les encadrer, n'auraient pas de consistance ; aussi, je n'avais pas pris la peine de préparer une défense sur ce thème du reste fort mystérieux : la participation des ecclésiastiques à la propagande par le fait. Mais au cours de son discours, toujours éloquent, toujours intéressant, M. Jaurès a prononcé des paroles contre lesquelles il ne m'est pas possible de ne pas protester, avec toute l'énergie et toute l'indignation d'un fils dont on a calomnié et outragé la mère.

M. Jaurès est venu vous dire : Il ne serait pas étonnant que la main des prêtres se retrouvât dans la propagande par le fait... [1]. Il n'est pas étonnant

1. M. Alphonse Humbert. — On l'a bien vu tout à l'heure, quand on a lu l'article de la *Croix*.

M. d'Hulst.— Je vais vous répondre, mais je ne peux pas tout dire à la fois.

M. Alphonse Humbert. — Voilà deux heures que nous demandons une réponse.

M. d'Hulst. — Si vous voulez vous charger de répondre à ma place, montez à la tribune.

M. Alphonse Humbert. — Ce n'est pas à moi de répondre, c'est à vous.

M. d'Hulst.— Alors, ne m'interrompez pas, car vous

que nous trouvions cette main des prêtres, sinon dans les attentats anarchistes, au moins dans la propagande qui les prépare, qui les explique, car l'Église joue un double jeu — ce sont les propres expressions de M. Jaurès : — elle a d'abord été le plus ferme soutien des puissants, les aidant à étouffer la plainte des faibles, et puis, comme elle a vu que, malgré tout, la véritable puissance était du côté de l'immense armée des travailleurs, surtout depuis qu'ils sont eux-mêmes munis du droit de suffrage, alors elle a fait des avances à la multitude, elle s'est mise à la flatter pour lui faire croire qu'elle était devenue son avocate, alors qu'elle avait été toujours sa pire ennemie.

Messieurs, si j'avais entendu ces paroles sur les lèvres de quelques-uns de mes collègues qui sont nouveaux venus à la vie politique et dont la carrière s'est commencée dans les honorables fatigues du travail manuel, je serais moins surpris de rencontrer, dans une pareille assertion, la trace manifeste d'une ignorance absolue de l'histoire; mais j'avoue que ce défi donné à la réalité des faits m'a étonné davantage sur les lèvres d'un savant et d'un lettré de profession, comme l'honorable M. Jaurès.

La vérité, Messieurs, est que l'Église a été, tantôt successivement, tantôt simultanément, l'avocate des grands et des petits, des puissants et des faibles, et voici pourquoi : c'est qu'elle a reçu mission de son fondateur d'annoncer la vérité et le

---

ferez perdre du temps à la Chambre et je n'en dirai pas une parole de moins.

devoir à tous les hommes. Et quand une catégorie de la société oublie ses devoirs, l'Église les lui rappelle, en lui rappelant du même coup les droits des autres... [1].

A l'appui de sa dernière assertion M. Jaurès vous a cité un document clérical d'une haute valeur qui, certes, doit compromettre beaucoup l'Église s'il est compromettant; c'est l'encyclique de Léon XIII sur la condition des ouvriers. Et avec des accents d'indignation, il vous a lu le passage où il est question de l'usure dévorante en s'écriant : Voilà comment le Pape se fait lui-même provocateur d'anarchie.

Je fais appel à la haute culture historique de M. Jaurès et je lui demande s'il croit, en vérité, que c'est d'aujourd'hui que l'Église s'élève contre l'usure.

Il y a quelques années, le reproche qu'on lui faisait était de ne pas avoir reconnu les lois économiques qui rendent nécessaire l'intérêt de l'argent.

Aujourd'hui, on semble signaler comme une nouveauté, heureuse pour les uns, inquiétante pour les autres, le patronage qu'elle a de tout temps accordé aux victimes de l'usure. Ce que vous trouvez à cet égard dans l'encyclique de Léon XIII, vous le retrouverez dans les bulles de ses prédécesseurs, en remontant le cours des siècles, et dans les écrits de tous les théologiens.

---

1. M. PIERRE VAUX. — Elle a toujours été complice des tyrans et des bourreaux.

M. D'HULST. — C'est là de l'histoire comme on l'écrit dans les journaux.

M. LE COMTE DE BERNIS. — Ce sont les pères Loriquet républicains qui racontent cela ! (*Rires à droite.*)

M. D'HULST. — M. de Bernis dit, avec beaucoup d'à-propos, que le parti anticlérical a ses Loriquet !

Et, s'il en est ainsi du document le plus autorisé et le plus considérable qui ait été cité à cette tribune pour montrer comment l'Église favorise les anarchistes, nous avons le droit et le devoir de faire bon marché des autres. Ce n'est pas que je m'associe, par une adhésion entière, à toutes les paroles de certains catholiques et même de certains prêtres, quand ils traitent, dans des feuilles catholiques, ce qu'on appelle aujourd'hui la question sociale, dont tout le monde parle et que si peu connaissent.

Il est presque inévitable que, dans de pareilles polémiques, ceux qu'anime une forte conviction se laissent entraîner à certains excès de langage dont il ne serait pas très difficile de les faire convenir le lendemain. Cependant — et voilà la portée de ma réponse — quels que soient les passages, même excessifs et violents, qu'on ait pu apporter ici, je vous défie d'en citer un seul dont la conclusion ...[1]. Je défie qu'on cite d'un prêtre, d'un catholique quelconque, une phrase, une demi-phrase, qui formule des conclusions favorables à l'anarchie... [2]. Je dis, Messieurs, qu'il est impossible quand on a fait la critique des abus qui existent dans notre société, comme ils ont existé, sous des formes variables,

1. M. LE PRÉSIDENT. — Messieurs, vous rendez la tâche de l'orateur impossible. Vous voulez savoir ce qu'il pense, écoutez-le.

2. (*Interruptions à l'extrême gauche.*) — M. GUSTAVE ROUANET. — Et les articles de la *Croix*!

M. D'HULST. — Pas plus le journal la *Croix* que les autres. (*Exclamations à l'extrême gauche. — Bruit.*)

Mes chers collègues, je vous prie de me laisser parler. Sans vos interruptions, j'aurais déjà fini. Mais je ne descendrai pas de la tribune sur votre injonction.

dans toutes les sociétés depuis que le monde est monde, de ne pas excéder parfois dans la peinture de ces abus. On peut employer un langage qui a le défaut d'exciter les passions, mais je défie qu'on trouve dans les écrits des nôtres, ecclésiastiques ou laïques, une seule ligne qui, directement ou indirectement, favorise l'anarchie; et voilà la grande différence entre les hommes dont M. Jaurès se faisait, tout à l'heure, l'avocat et ceux des nôtres à qui l'on pourrait même, avec plus ou moins de justice, reprocher quelques excès de langage.

Les bonnes gens que M. Jaurès s'est plaint d'avoir vu poursuivre avec trop de rigueur faisaient, eux aussi, la critique de l'état social actuel; mais au bout de cette critique, ils plaçaient des excitations au renversement et au crime, tandis que les orateurs même les plus excessifs, parmi les nôtres, après s'être livrés à la critique des abus, ont conclu qu'il fallait espérer des réformes par les voies légales et, surtout, par les voies morales .. [1].

---

1. (*Réclamations à l'extrême gauche.*) — M. ALPHONSE HUMBERT. — Ils ont conclu à la bombe! Oui, ils ont dit que les ouvriers qui étaient éloignés de l'idée de Dieu n'avaient plus, pour obtenir justice, d'autre moyen que de recourir à la bombe. Il n'y a pas de mots plus criminels et qui tombent plus directement sous l'action de la loi, et cependant on ne leur a pas appliqué la loi! Voilà ce dont nous nous plaignons, et je vous défie de vous expliquer sur l'article du journal la *Croix* qui a été lu tout à l'heure.

M. D'HULST. — Je vais le faire immédiatement si vous voulez bien garder le silence.

M. ALPHONSE HUMBERT. — Voilà deux heures qu'on vous le demande!

M. D'HULST. — Et voilà deux heures que vous m'en

J'ai écouté avec la plus grande attention l'article qu'on a rappelé tout à l'heure, j'y ai bien vu une description que, pour ma part, je trouve excessive, de la souffrance et de l'irritation de celui que le journal appelle Jacques Misère, mais je ne vois rien là que de descriptif, et lorsque l'auteur conclut que Jacques Misère, après avoir été chassé de son atelier, désespéré, poussé à bout, n'a plus devant lui que la bombe, il ajoute, s'adressant aux ennemis des croyances religieuses : Vous êtes complices de son crime, car c'est vous qui avez ôté à cet homme la résignation et l'espérance; vous ne lui avez plus laissé que la haine et le désespoir. Il n'approuve donc pas le crime.

Mais l'article dont, pour ma part, je blâme le ton et l'inspiration, cet article pourtant ne contient en aucune façon l'excitation au crime, ni l'approbation du crime, il se borne à dire : cet homme à qui on a ôté le respect d'une loi supérieure aux passions et l'espérance des compensations futures, est livré tout entier à son désespoir; tous ceux qui ont contribué à dévaster son âme sont moralement les inspirateurs ou les complices de ses attentats.

Voilà ce qu'a dit la *Croix*, et c'est très vrai ; il n'y a là aucune excitation au crime, et ce n'en est pas davantage l'apologie.

Pour ma part, je vous le redirai après l'honorable comte de Mun, je considère le devoir d'assurer l'ordre public, la sécurité des personnes comme constituant non pas la partie la plus élevée, mais la partie la plus urgente de la tâche des gouverne-

---

empêchez! (*Bruit.*) Vous me sommez de parler et vous me coupez constamment la parole.

ments. Et alors même qu'un gouvernement, par l'appui qu'il aurait prêté à l'irréligion, à ces doctrines que j'ose appeler moralement subversives, se serait rendu indigne d'exercer cette mission, néanmoins, toutes les fois qu'il montrera un réel bon vouloir pour la remplir, je me considérerai comme obligé de l'appuyer en cela, ce qui n'implique nullement l'approbation générale de sa politique, bien moins encore une alliance, un compromis, un marché.

Quand nous avons voté dans le même sens que le ministère, nous n'avons suivi d'autre mot d'ordre que celui de notre conscience, et le Gouvernement, en bénéficiant pour un jour de nos suffrages, ne se sentait redevable envers nous d'aucune reconnaissance. Nous ne lui en demandons pas; nous le voyons à l'œuvre, et nous avons plus d'un sujet de n'être pas satisfaits de sa conduite.

Toutes les fois cependant qu'il proposera des mesures qui nous paraîtront équitables et salutaires, nous les voterons, ne prétendant pas par là lui donner un gage d'amitié ni une promesse d'alliance, mais le suivant au jour le jour, s'il s'en écarte, nous serons prêts à le combattre.

LE SERMENT JUDICIAIRE

Le 19 juin 1894 revenait à la tribune la discussion d'un projet de loi présenté déjà à la Chambre, il y avait une douzaine d'années.

Il s'agissait de modifier le serment judiciaire : ou bien dans le sens adopté par le Sénat, c'est-à-dire qui permettait à un juré de supprimer le nom de Dieu dans la formule de son serment, s'il en avait fait la demande par écrit au Président de la Cour d'assises, avant l'ouverture de la séance ; ou bien de la manière proposée par M. Bérard, au *nom* de la *minorité* de la commission, qui consistait à imposer à tous un même serment, « un serment laïque, comme s'exprimait M. Bérard, d'où la formule religieuse serait bannie. »

De son côté, M. Julien Goujon présenta et défendit, avec beaucoup de talent, une proposition tendant à rien moins qu'à l'abolition du serment judiciaire, et à son remplacement par une simple promesse.

Mgr d'Hulst prit part à ce débat par un de ses plus remarquables discours parlementaires.

Quelques jours après sa mort, un journal catholique, passant en revue ses principaux discours de la Chambre, disait de celui-ci : « Son plus grand succès oratoire fut peut-être sa défense du serment religieux, qu'on voulait rayer de la procédure juridique, comme une formalité surannée.

« L'éloquence vengeresse et la dialectique serrée du député de

Brest firent reculer les sectaires, qui ont dû ajourner cette laïcisation de nos tribunaux [1] ».

Messieurs, l'éloquent et judicieux discours de l'honorable M. Goujon a sensiblement modifié l'état de la question. Je me suis senti, en l'écoutant, tout près d'être convaincu : je n'ai pas été jusqu'à la conviction entière, et je vais vous dire pourquoi.

Mais je me hâte de déclarer que, si je ne puis pas faire prévaloir mon sentiment, je me rallierai bien plus volontiers au système de M. Goujon qu'à celui de la commission, car il a au moins le mérite de donner à tous les citoyens une attitude uniforme devant la justice.

Il a, en outre, un autre mérite théorique, si vous le voulez; mais ici je demande pardon à M. Goujon de ne pas professer pour la théorie, même quand elle s'élève un peu haut, les mêmes dédains que tout à l'heure, avec une modestie fort exagérée, il semblait lui adresser, car il est de ceux qui ne doivent pas se trouver mal à l'aise sur les hauteurs.

Le second mérite de sa proposition, c'est qu'elle supprime le serment judiciaire au lieu de le dénaturer, ou plutôt de faire cette chose contradictoire qui consiste à le supprimer en le maintenant.

L'honorable M. Mirman, dans son rapport, s'est efforcé avec toute l'ingéniosité de son esprit, qui n'est pas petite, à nous persuader que le serment pouvait subsister quand on l'a vidé de tout le divin qui y était enfermé.

1. La *Croix*, 10 novembre 1896.

Je l'avoue, les arguments de M. Mirman ne m'ont pas persuadé, ou, plutôt, ils m'ont confirmé dans la conviction contraire. Prêter serment sans invoquer cette puissance supérieure dont parlait tout à l'heure M. Goujon, c'est dire : J'affirme que j'affirme; je vous donne ma parole, et si cette parole ne suffit pas, j'y ajoute ma parole pour vous prouver qu'elle doit vous suffire.

M. Mirman, j'entends bien, compte sur la solennité de l'appareil qui entoure cette parole, sans cela vulgaire et commune, pour provoquer de la part de celui qui la prononce ce qu'il appelle un effort moral, destiné à donner une certaine garantie de véracité.

Il ne me semble pas que cette force morale doive être provoquée par l'appareil dont il s'agit; et je ne vois pas qu'on ajoute ainsi aucune valeur nouvelle à la parole humaine. C'est une chose sacrée en elle-même que la parole humaine, mais une douloureuse expérience nous apprend tous les jours que ceux qui ont reçu cet instrument sacré, trop souvent le profanent.

Voilà pourquoi la société, non pas dans les circonstances vulgaires, mais dans les circonstances graves où l'honneur et la vie des citoyens sont en jeu, a jugé nécessaire, dans tous les temps, dans toutes les civilisations, d'étayer cette parole chancelante et de protéger l'homme qui la prononce contre toute tentation de défaillance en le mettant en face non plus seulement de lui-même ou de ses semblables, mais d'une puissance invisible, d'un être souverain qu'il reconnaît comme son principe et sa fin, comme le témoin de ses actes et le juge de sa conscience.

Vous ne contesterez pas, je pense, que ce soit là l'origine du serment en général et l'origine de l'introduction du serment dans les débats judiciaires.

Il suit de là que le serment sans Dieu est un serment qui n'en est pas un. Je pourrais vous rappeler, comme l'éminent évêque que j'ai le regret de remplacer dans cette Chambre, je pourrais vous rappeler, au nom de la simple grammaire, que le mot serment vient de *sacramentum*, et qu'un serment qui n'a plus d'élément divin est un sacrement qui n'est plus sacré.

Donc, je préfère la suppression du serment judiciaire à ce que vous appelez, vous, la laïcisation du serment, à ce que j'appellerai, moi, dans un autre sens, plus vrai et plus conforme aux exigences de la langue, la profanation du serment; oui, c'est une profanation, puisque le serment était sacré et qu'on le rend profane.

Le mot « laïque », quoi qu'on en dise, quels que soient les abus de langage que le relâchement du style a introduits et vulgarisés, le mot « laïque » ne peut, en aucune manière, s'opposer au mot « religieux » : laïque s'oppose à prêtre ou clerc; religieux s'oppose à impie.

Toutefois, si la suppression du serment judiciaire me semble préférable à sa profanation, il y a quelque chose qui me semble encore meilleur, c'est le *statu quo*.

Le *statu quo* peut être modifié dans la pratique. Je demande qu'on s'en tienne au *statu quo* législatif dont M. Mirman a dit, dans son rapport, qu'il ne connaissait rien de pire. Je vais vous dire pourquoi je demande qu'on le maintienne et je vous dirai ensuite comment, dans la pratique, les tribunaux et les cours pourraient en atténuer les inconvénients.

Je ne suis pas fort jurisconsulte, mais je ne crois pas que les amendes aient été édictées par la loi. Vous avez dit tout à l'heure, monsieur Mirman, que l'amende s'était établie par une sorte de pratique dans les cours d'assises.

Je suis pour ma part extrêmement touché, quelle que soit la fermeté de ma foi religieuse, des inconvénients que signalait M. Mirman, je ne désire nullement que l'homme qui a le malheur de ne pas croire en Dieu et qui est forcé de faire partie d'un jury soit condamné à l'amende; je crois qu'on pourrait s'y prendre autrement : par exemple, en s'inspirant d'une proposition qu'a rappelée M. Mirman dans son rapport et qui émanait de M. Jean Brunet, membre de l'Assemblée nationale : il déclarait exclu du droit d'exercer les fonctions de juré ceux qui ne croyaient pas devoir prêter serment devant Dieu... [1]

M. le garde des sceaux, traduisant le vœu de la Chambre, pourrait faire connaître aux magistrats d'assises qu'il n'y a pas lieu d'infliger d'amendes à ceux qui refuseraient de prêter le serment suivant la formule légale, mais qu'il conviendrait de les faire remplacer par des jurés suppléants... [2]

Je ne sache pas que les fonctions de juré soient un privilège pour ceux qui les exercent; c'est une charge plutôt qu'un avantage. Mais, dans tous les cas, la société a le droit de dire à celui qui n'accepte pas les principes fondamentaux sur lesquels elle

---

1. (*Exclamations à l'extrême gauche.*) — M. Calvinhac. — Ce serait la suprématie absolue de l'Eglise!

2. (*Nouvelles exclamations à l'extrême gauche.*) — M. Lavy. — Voilà de jolis principes de tolérance!

repose... [1]. Je respecte votre liberté de conscience, mais voici à quelles conditions : vous pouvez être un citoyen complet, apte à toutes les fonctions publiques; si vous vous placez en dehors de ces conditions, je vous élimine de certaines fonctions dans la mesure où vous vous en éliminez vous-même.

Au cours de cette discussion, on a beaucoup argumenté au nom de la liberté de conscience. La liberté de conscience est chose sacrée. Mais je n'ai jamais rencontré encore une société qui ait pu rester organisée en tenant compte, dans le jeu de ses institutions publiques, de toutes les opinions individuelles quelles qu'elles soient. Et lorsque l'unanimité morale règne dans une société pour l'acceptation de certains principes fondamentaux qui semblent nécessaires à sa solidité et à sa consistance, cette société est parfaitement fondée à dire à ceux qui, par exception, repoussent ces principes : Je respecte dans votre for intérieur vos convictions personnelles, mais je ne vous admets pas à exercer tel mandat défini qui suppose la reconnaissance de ces principes... [2].

M. de Ramel fait observer avec beaucoup de raison que, dans votre loi d'enseignement laïque, vous avez déclaré que quiconque, par des engagements qui pourtant ne relèvent que de sa conscience, est devenu membre d'une congrégation religieuse, est par là même incapable d'enseigner dans les écoles publiques. En agissant ainsi vous avez été beaucoup

---

1. *Interruptions à l'extrême gauche.*

2. (*Vives interruptions et protestations à gauche.*) — M. Fernand de Ramel. — On exclut bien les congréganistes de l'enseignement public.

plus intolérants que je ne le suis en exonérant par exception tel ou tel juré de la corvée du jury.

Messieurs, ce que j'ai dit tout à l'heure ne souffre aucune difficulté, tant que règne dans une société l'unanimité morale à l'égard de certains principes fondamentaux. La difficulté commence, je le reconnais, quand cette unanimité cesse, et alors le devoir du législateur se transforme ; il n'a plus seulement à tenir compte de la liberté de conscience, parce qu'il lui est impossible de contenter à la fois des libertés de conscience qui sont contraires les unes aux autres.

Immédiatement une autre préoccupation se fait jour dans l'esprit du législateur. Il se dit : Puisque je ne peux pas contenter tout le monde, je tâcherai de respecter la liberté de tous ; mais en même temps je chercherai à orienter la nation vers un certain idéal. Et alors à la question de liberté de conscience vient s'ajouter, je dirai presque se substituer une autre question, celle du progrès.

Cette question, je la trouve, en effet, engagée dans le problème qui nous occupe aujourd'hui et dans le rapport même de M. Mirman. C'est bien, en effet, d'une question de progrès que notre collègue s'est montré soucieux, lorsqu'il nous a rappelé que l'unanimité ancienne, qui régnait parmi les hommes pour reconnaître l'existence et l'intervention du Créateur dans les choses humaines, avait fait place à cette grande division de principes, de croyances, que nous constatons autour de nous, et lorsqu'il a appelé le mouvement qui éloigne un grand nombre de citoyens des anciennes croyances religieuses « une irrésistible ascension de la pensée humaine ».

Vous voyez bien, mes chers collègues, que vous

avez vu là, vous aussi, une affaire, non plus seulement de liberté individuelle, mais de progrès social. Or, je suis convaincu qu'on oriente mal la société, qu'on ne la dirige pas vers le progrès, quand on fait des lois comme celle-ci, lois inutiles et dangereuses, puisqu'elles tendent à arracher ce qui peut rester encore de ciment divin dans les assises qui supportent la civilisation moderne.

Je ne veux pas retenir bien longtemps votre attention. Je ne crois cependant perdre ni votre temps ni le mien en accordant quelques instants à l'examen de cette question, d'autant plus qu'après tout c'est vous qui l'avez posée.

Est-ce vraiment un progrès que de nous détacher graduellement, par la modification de nos institutions publiques et judiciaires, de la croyance en Dieu ? Avant tout, il faudrait savoir de quel progrès on veut parler. Est-ce d'un progrès scientifique? Est-ce d'un progrès moral ?

S'il s'agit de science pure, vous pouvez avoir à cet égard les opinions que vous voudrez ; mais je vous mets au défi de prouver qu'il y ait progrès scientifique quelconque attaché à l'abandon de la croyance en Dieu... [1].

---

1. (*Applaudissements à droite.— Dénégations à l'extrême gauche.*)

M. Fernand de Ramel. — C'est incontestable.

M. Hubbard. — Ce n'est pas ce que nous discutons. Il s'agit simplement de faire respecter la liberté de conscience.

M. Coutant. — De quel Dieu parlez-vous? Il y en a plusieurs.

M. d'Hulst. —Je parle du vrai Dieu, du Dieu personnel et créateur, antérieur au monde et maître de son ou-

Je prétends être aussi passionné que personne pour le progrès scientifique. Je lui ai voué ma vie; je la lui ai vouée dans les conditions particulièrement difficiles et militantes de l'enseignement supérieur libre et privé, je devrais dire privé de secours et d'encouragements.

Je resterai fidèle à cette tâche; mais plus je persiste à rechercher le progrès scientifique et à le promouvoir autour de moi, plus il me devient impossible de concevoir même comment des esprits sérieux et éclairés peuvent lier cette cause si intéressante et si belle à celle de l'athéisme, car ce sont deux causes absolument disparates.

La science, — et c'est sa prétention très légitime aujourd'hui, — la science recherche, étudie l'enchaînement des phénomènes, et par conséquent elle est incompétente sur la question des origines. Cette question-là ne relève pas de la science expérimentale, elle relève de la philosophie. Aussi n'est-ce pas par excès de science, c'est par insuffisance philosophique, par défaut de réflexion générale et de vigueur métaphysique qu'on peut arriver à établir un rapport, une solidarité quelconque entre le développement des connaissances expérimentales et la négation du premier principe.

Si le progrès scientifique n'est nullement intéressé, dans la question, que dirons-nous du progrès moral?

Le progrès moral, messieurs, il y est intéressé, mais en sens contraire.

Théoriquement, il me serait assez facile de prou-

---

vrage. Il n'y en a pas d'autre qui mérite ce nom. (*Très bien! très bien! à droite. — Interruptions à l'extrême gauche.*)

ver que l'athéisme ôte à la morale son plus ferme soutien, sa meilleure sanction. J'ai pu, dans une autre enceinte, développer cette démonstration. Mais nous sommes ici pour légiférer, et le législateur doit se préoccuper surtout de l'aspect pratique des questions.

Sur ce terrain l'expérience de tous les temps a parlé, et celle de ces quinze dernières années n'a pas donné une réponse différente.

Que chacun de vous accorde, s'il le peut, dans son esprit la négation de Dieu et l'affirmation du devoir, c'est votre affaire ; mais ce que je sais bien, c'est que, dans l'esprit des masses, ces deux idées s'accordent fort mal, et que toute atteinte portée à la croyance en Dieu a son retentissement dans la conscience et devient une atteinte portée à la morale.

Il est bien facile, comme le faisait naguère, avec son esprit ordinaire, notre collègue, M. de Douville-Maillefeu, de diviser l'humanité en deux catégories : ceux qui sont pour le progrès et ceux qui sont pour le recul, ceux qui sont pour les réformes et ceux qui sont pour les abus.

La question est de savoir ce qui est progrès et ce qui est recul, ce qui est réforme et ce qui est abus. Eh bien ! je défie tous mes contradicteurs de prouver qu'une question de progrès scientifique ou moral soit engagée dans le mouvement auquel vous applaudissez, — et c'est votre droit, — mouvement qui sépare un trop grand nombre de nos concitoyens des vieilles traditions religieuses de l'humanité.

Je demande donc le maintien du *statu quo*; je le demande parce que le changement qu'on vous propose est inutile et dangereux.

On vous a rappelé que la proposition qui est en discussion est déjà vieille dans cette Chambre ; qu'elle est venue pour la première fois en 1882 ; qu'en 1883 elle a été au Sénat, où elle a été transformée ; qu'elle est revenue devant la Chambre en 1889, qu'elle a été modifiée en 1890 ; qu'enfin la dernière législature a pris fin sans qu'un vote soit intervenu.

Aujourd'hui, on vous demande, malgré les réductions considérables qu'il a subies, de voter le texte du Sénat tel qu'il est, parce que, sans cela, il arrivera un grand malheur : c'est que rien ne sera changé dans nos institutions judiciaires.

Messieurs, c'est là un malheur auquel je vous demande de vous résigner. Soyez convaincus que la masse du pays ne vous demande en aucune façon cette décevante réforme. Il existe une illusion parlementaire qui consiste à croire que certaines préoccupations qu'on apporte avec soi dans cette enceinte, qui souvent même grandissent dans ce milieu un peu factice, sont les préoccupations mêmes du pays.

Vous avez été nommés, messieurs, pour faire les affaires de la démocratie et non pour servir les passions d'une secte.

Si quelquefois il vous arrive, dans la sincérité de vos convictions — à laquelle je me plais à rendre hommage — de solidariser ces deux choses, les passions sectaires et les intérêts que vous avez mission de représenter, je crois que vous commettez une erreur. J'admets que cette erreur soit de bonne foi, mais le pays ne la partage pas.

Le temps est passé où il était possible de faire prendre patience à cette démocratie, de lui persuader la résignation devant l'ajournement des réformes nécessaires, en portant des atteintes successives à toutes les institutions qui gardent encore un caractère sacré. La liste est longue de ces atteintes, j'allais dire de ces attentats; je crois que le pays en a largement assez. S'il est trop vrai qu'un certain nombre de Français se montrent hors d'ici indifférents aux choses religieuses, il est également vrai, et tous les jours plus vrai, qu'ils se montrent indifférents aux manifestations que vous provoquez contre la religion.

Ce que le pays veut, c'est qu'on fasse ses affaires. Il veut sans doute que l'on progresse; mais le progrès ne consiste pas, pour couronner l'édifice, à lui arracher son fondement.

Il faut laisser à la base ce qui est fondamental et mettre par-dessus ce qui ajoute un ornement et un service.

On peut adresser à la proposition de la commission toutes les critiques qu'a dirigées contre elle l'honorable M. Goujon ; se plaindre de ce dualisme qu'elle introduit dans le serment; se demander avec inquiétude comment les accusés apprécieront la valeur respective des deux verdicts rendus, l'un au nom de Dieu, l'autre sans cette garantie, et s'ils se sentiront également protégés par l'un et par l'autre.

Quant à moi, je vous apporte une protestation d'une portée plus générale. Consultez les hommes qui, en dehors de cette enceinte, étrangers à nos passions, sont peut-être encore plus en situation de connaître les aspirations du pays; ils vous répondront, avec moi, que le moment est mal choisi pour ébranler ce qui tient encore dans notre société chancelante, pour rabaisser au niveau d'une chose profane et vulgaire cette grande fonction sociale, la justice, à qui toutes les civilisations, toutes les lois avaient, dans tous les temps, assigné un caractère sacré.

LES PÈRES DE L'ÉGLISE

ET

LES DOCTRINES ANARCHISTES

A propos du projet de loi tendant à réprimer les menées anarchistes, M. Jourde, armé de citations, avait essayé de démontrer que ce ne sont pas les socialistes qui sont les pères de l'anarchie, mais bien les Pères de l'Église.

Mgr d'Hulst demanda aussitôt la parole pour corriger l'érudition patrologique par trop fantaisiste de M. Jourde, qui terminait son discours en disant : « Et maintenant, je laisse la parole à l'honorable collègue qui a plus d'autorité que moi pour expliquer ces textes [1]. »

Messieurs, je ne m'attendais certes pas à prendre la parole dans ce débat ; mais, puisqu'il s'établit ici un duel de citations et qu'on est venu apporter à l'appui des doctrines d'expropriation nationale, — je me sers d'une expression adoucie, — l'autorité des Pères de l'Eglise, il m'a semblé que je pouvais, sans trop de présomption, dire à celui qui nous op-

1. Séance du 19 juillet 1894.

pose ces autorités qu'elles ne nous font pas peur.

J'ai lu, peut-être avant M. Jourde, les homélies de saint Jean Chrysostome.

Je demande la permission d'ouvrir une parenthèse et de m'adresser à ces Messieurs du centre et de la majorité qui se plaignent, avec raison, selon moi, du parti pris d'obstruction qui vient de ce côté[1], à l'effet de prolonger aussi indéfiniment qu'inutilement le débat ouvert. Oui, j'invite les membres de la majorité à faire aussi leur examen de conscience et à se demander si, par leurs exclamations de toutes les minutes et de toutes les secondes, ils ne contribuent pas, pour une large part, à éterniser les discussions.

On pourrait facilement faire tenir en une séance ce qui occupe toute une semaine, si on supprimait le bruit inutile.

Cela dit, je répète que j'ai lu, il y a fort longtemps déjà, les homélies de saint Jean Chrysostome, et j'ai remarqué qu'il n'y en avait pas une seule dont la péroraison, toujours très éloquente, ne fût composée d'une ardente philippique, non pas précisément contre les riches — le mot grec est πλεονέκτας — contre les avares et les égoïstes.

Et dans les vieilles éditions à manchettes où les marges contiennent, de place en place, des indications résumant chaque développement, on voit toujours à la manchette du dernier paragraphe cette inscription : **Κατὰ τοὺς πλεονέκτας** : contre ceux qui ont trop.

Eh bien ! Messieurs, cela veut dire : ceux qui ont plus qu'ils ne devraient, parce que leur fortune est

---

1. *L'orateur désigne l'extrémité gauche de la salle.*

mal acquise, ou qui ne font pas de leur superflu l'usage que la morale chrétienne commande.

Toutes les énergies, ce que l'on pourrait presque appeler les violences de langage, de certains Pères de l'Église, qui avaient un tempérament de tribuns, mais de tribuns apostoliques, sont dirigées non pas contre la possession, mais contre l'abus de la richesse; parce que jamais les interprètes de l'Évangile n'ont considéré le riche comme maître de s'approprier la fortune par tous les moyens, même injustes, ni de jouir d'une fortune, même justement acquise, en ne s'inspirant que de l'égoïsme.

J'invite M. Jourde à relire tous les passages qu'il a cités. Il n'y trouvera pas autre chose.

Je ne suis pas de ceux qui croient que l'aumône suffise seule à résoudre ce qu'on appelle la question sociale.

Je crois que la question sociale ne sera jamais résolue pleinement; mais j'ajoute que, si tous les hommes remplissaient d'abord et dans toute la mesure où ils sont tenus le devoir, non seulement de l'aumône, mais de la charité et de la fraternité sous toutes ses formes, celles qui consistent à donner de son argent, de son temps, de sa sollicitude, de son cœur, on aurait fait un grand pas vers la paix sociale.

Eh bien! Messieurs, et c'est mon dernier mot, cette vieille société pourrie, cette société byzantine devant laquelle l'éloquent Chrysostome prenait la parole, tenant tête aux empereurs et aux impératrices, qui souffraient avec peine la liberté de langage de l'avocat des pauvres, cette société était composée en grande partie de riches qui étaient de vrais voleurs qui s'étaient enrichis par la rapine et par l'usure... [1]

Revenons aux citations de M. Jourde.

Je ne puis donc pas considérer comme un procédé sérieux de discussion celui qui consiste à choisir quelques passages enflammés contre l'abus de la richesse, pour accréditer cette assertion paradoxale d'après laquelle les interprètes de l'Évangile et les docteurs de l'Église, qui ont toujours appuyé leur prédication sur le Décalogue, auraient oublié qu'il s'y trouve un septième précepte ainsi conçu : « Tu ne voleras point. »

---

1. M. MARCEL-HABERT. — Et le Panama?

M. D'HULST. — Je suis de ceux qui ont réclamé le plus énergiquement la lumière et la pleine justice à l'égard des panamistes.

M. MARCEL-HABERT. — Je le sais bien; seulement on ne l'a pas faite.

LA LIBERTÉ

DE L'ENSEIGNEMENT SUPÉRIEUR

PREMIER DISCOURS

La discussion du budget de l'instruction publique provoqua, en 1895, un grand et important débat [1].

Par ses goûts personnels aussi bien que par la compétence spéciale que lui donnaient ses fonctions de recteur de l'Institut Catholique, Mgr d'Hulst était tout désigné pour prendre part à la discussion. Il le fit par le discours suivant :

Messieurs, bien que j'aie demandé la parole dans la discussion générale du budget de l'instruction publique, je ne me propose pas, comme les honorables orateurs qui m'ont précédé, de passer en revue les différentes parties de ce budget et de présenter des observations qui en atteignent l'ensemble.

C'est sur un point particulier que je voudrais attirer l'attention du Parlement et celle de M. le ministre de l'instruction publique : c'est sur les

---

1. Séance du 11 février.

rapports de l'enseignement supérieur de l'Etat avec l'enseignement libre.

Vous voudrez bien, Messieurs, m'accorder votre indulgence, en pensant que je représente ici, d'une façon particulière, cet enseignement supérieur libre qui a des rapports nécessaires, inévitables, toujours courtois, avec l'enseignement de l'Etat. Mais il est survenu dans ces derniers temps un acte de la puissance publique qui menace d'apporter une perturbation grave dans ces rapports de l'enseignement de l'Etat et de l'enseignement libre en matière d'études supérieures ; et, comme je suis persuadé que ni l'administration ni le Parlement n'entendent par voie détournée entraver et même rendre impossible l'exercice d'un droit qui continue d'être inscrit dans nos lois, j'ai la confiance que mes observations seront écoutées avec une bienveillante attention.

Messieurs, en lisant le rapport de l'honorable M. Bastid sur le ministère de l'instruction publique, j'ai relevé une petite économie proposée par la commission du budget et que, pour ma part, j'approuve hautement : c'est une économie de 50,000 francs. Cela n'est pas à dédaigner. Cette économie porte sur un crédit de pareille somme qui avait été demandé par l'administration afin d'établir dans deux facultés de médecine un enseignement préparatoire à la profession de chirurgien-dentiste.

Ce n'est pas là ce qui m'intéresse ni ce qui m'occupe ; mais le principe qui est visé dans le rapport me touche singulièrement. Déjà l'administration elle-même et le Conseil supérieur de l'instruction publique avaient compris que, si la loi du 30 novembre 1892 fait à l'Etat l'obligation d'organiser cet enseignement dentaire, il convient de n'avancer qu'avec beaucoup de prudence dans cette nouvelle voie de dépenses ; et voilà pourquoi on vous avait proposé de ne l'organiser que dans deux facultés.

La commission du budget a été plus loin ; elle vous demande de ne pas même procéder à cette organisation, et voici la raison qu'elle en donne : c'est que, comme le fait remarquer le ministère de l'instruction publique, cet enseignement de la chirurgie dentaire « existe à la faculté catholique de Lille ». Ainsi, l'administration voyait là une raison de ne pas l'établir chez elle ; et la commission du budget ajoute :

« Il ne faut pas non plus l'établir à Paris, parce qu'il existe à Paris deux écoles dentaires qui ont donné les meilleurs résultats. On peut prévoir que des écoles de ce genre s'organiseront ailleurs. Si l'on incorpore cet enseignement dans les facultés de médecine qui ne le demandent pas, c'est la mort des établissements libres. »

« Est-il donc nécessaire — ajoute le rapporteur — que l'Etat vienne détruire ce qu'a produit l'initiative individuelle ? »

Non, Messieurs, cela n'est pas nécessaire en matière d'enseignement dentaire ; mais vous me permettrez de penser que ce n'est pas nécessaire non plus et que ce n'est pas convenable en matière d'enseignement littéraire, quand il s'agit de cette formation humaine par excellence qui appelle l'élite de nos générations à la grande culture intellectuelle.

Et c'est cependant ce que, peut-être sans s'en rendre compte, — bien que cette supposition soit étrange, je n'en aperçois pas d'autre, — le Conseil supérieur de l'instruction publique et l'administration viennent d'accomplir par le décret du 31 décembre 1894.

Ce décret, Messieurs, a trait à la réforme du programme de la licence ès lettres. L'honorable M. de Lasteyrie exprimait, il y a un instant, la crainte que cette réforme ne rendît la licence ès lettres plus facile et n'augmentât par suite le nombre des déclassés. Je ne partage pas cette crainte. Je suis un peu du métier; j'ai étudié avec soin le décret et je ne crois pas qu'il rende la licence ès lettres plus facile.

Mais il y a une autre conséquence qui me touche singulièrement. Autrefois, le programme de la licence ès lettres, comme celui de la licence ès sciences et ceux d'ailleurs de toutes les autres licences, était dressé par le Conseil supérieur de l'instruction publique et commun à toutes les facultés de France.

Mais, Messieurs, vous le savez, depuis 1880, les facultés libres doivent présenter tous leurs candidats devant les professeurs des facultés de l'Etat, qui sont les seuls examinateurs compétents.

Eh bien! voici sur quoi porte la modification introduite par le décret du 31 décembre 1894 : il y a une partie — la plus grande, j'en conviens — du programme qui reste fixée pour tout le monde ; mais il y a deux parties importantes de ce programme qui sont laissées dans l'indétermination et qui ne doivent être déterminées que par les facultés elles-mêmes. Ces deux parties sont les suivantes : d'une part, la liste des auteurs à expliquer, et, d'autre part, la liste des matières à option. Il y a, en effet, dans l'examen de la licence ès lettres, suivant la nouvelle formule, des matières sur lesquelles peut s'exercer l'option des candidats.

En vertu de l'article 2 du décret, ce sont les facultés, représentées par le corps de leurs professeurs, qui dressent la liste des auteurs sur lesquels devront être interrogés les candidats qui se présentent à leur barre ; et, en vertu de l'article 5, ce sont également les professeurs des facultés qui dressent et publient la liste des matières sur lesquelles devra s'exercer l'option des candidats.

Vous voyez quelle en est la conséquence. Autrefois tout candidat à l'une des licences ès lettres ou ès sciences, quelle que fût l'école où il avait fait ses études supérieures, pouvait se présenter devant n'importe quelle faculté de France, et les professeurs de cette faculté, réunis en corps d'examinateurs, étaient compétents pour examiner le candidat.

Aujourd'hui ce n'est plus possible, puisque la liste des auteurs, la liste des matières à option varient d'une faculté à l'autre, puisque dans chaque faculté ces listes sont dressées par le corps des professeurs, puisque, pour les matières à option, les sujets sont puisés dans l'enseignement oral des professeurs. Un candidat ne jouit donc pas de tous ses droits quand il se présente à l'examen dans une faculté dont il n'a pas suivi les cours. Ses concurrents auront des avantages, des facultés d'option, des occasions de se distinguer qui lui seront refusés.

Pour la liste des auteurs, on peut encore se la procurer ; et la seule restriction apportée dès lors à la liberté du candidat, c'est qu'il ne puisse se présenter que devant une seule faculté.

Mais pour les matières facultatives, il ne lui suffit pas d'en connaître la liste, car ces matières ne sont imprimées ni rédigées nulle part; elles font l'objet d'un enseignement oral et il sera dans l'impossibilité de subir l'examen sur ces matières s'il n'a pas suivi, du moins pendant un certain temps, les cours des professeurs qui les ont enseignées.

Voyons maintenant quelle est la situation légale faite, par ce règlement nouveau, aux élèves inscrits régulièrement dans les facultés libres.

L'espèce que je vais vous présenter n'est pas imaginaire; c'est un fait réel qui s'est passé récemment dans une faculté de France.

Supposons, par exemple, qu'un élève inscrit à la faculté libre des lettres de Lyon veuille subir son examen de licence. D'abord il faut qu'il prépare une liste d'auteurs : il choisira probablement la liste dressée par la faculté de Lyon, ce qui lui enlève la possibilité de venir se présenter à Paris. En second lieu, il faut qu'il fasse son choix sur la liste des matières facultatives. S'il fait son choix à la faculté de Lyon, il essayera de suivre quelques-uns des cours dans lesquels on traite ces divers sujets, pour savoir en quoi ils consistent; car, Messieurs, dans l'enseignement littéraire et dans l'enseignement scientifique, vous savez combien le champ est vaste et combien il est impossible aux professeurs les plus laborieux d'épuiser la matière qu'ils ont à enseigner. Par conséquent, lorsqu'un programme reste indéterminé et ne se précise pour chaque faculté que par l'enseignement des professeurs, il est rigoureusement nécessaire de suivre cet enseignement.

Voilà donc notre étudiant de la faculté libre qui se présente à la faculté officielle de Lyon pour suivre quelques-uns des cours dont il a besoin.

L'appariteur l'arrête à la porte :

— Votre carte d'étudiant?

— La voici.

— Mais vous n'êtes pas d'ici.

— Non, je suis d'en face.

— Alors, veuillez vous retirer.

La faculté, en effet, a décidé qu'elle n'admettrait à ses cours, qui sont plutôt des conférences, que des étudiants régulièrement inscrits sur ses registres.

— Alors, je vais m'inscrire à la fois aux deux facultés.

— Non, monsieur, vous ne le pouvez pas, parce qu'un décret récent a interdit aux étudiants de s'inscrire simultanément aux deux facultés.

Voilà donc un étudiant qui est inscrit à une faculté libre, — c'est son droit, — qui en a suivi les cours, — c'est également son droit, — et à qui vous imposez obliquement, mais très efficacement, l'obligation de suivre certains cours de la faculté de l'État ; seulement vous avez le droit de lui en fermer les portes ! En d'autres termes, le règlement impose ou propose aux candidats l'accomplissement d'une condition que les facultés ont le droit de rendre inexécutable. Je demande si cela est raisonnable, si cela est juste.

En présence d'une pareille anomalie, deux hypothèses se présentent à l'esprit, et je commence, avant d'avoir formulé la première, par déclarer que je la repousse : Ou bien l'administration et le Conseil supérieur de l'instruction publique ne voulant pas, ou ne pouvant pas, ou n'osant pas, ou n'espérant pas faire revenir le Parlement sur une liberté conquise — la liberté de l'enseignement supérieur — ont voulu par voie de règlement et de décret atteindre cette liberté légale sans l'attaquer de front ; et alors je dirai qu'il n'est pas digne du Parlement de tolérer de pareils agissements.

Vous êtes législateurs, Messieurs, et si vous trouvez que la France est trop libre, que l'âme française est trop affranchie et que le moment est venu de la courber de nouveau sous le joug du monopole; si vous trouvez aussi qu'il y a assez d'union parmi nous et que nous sommes assez d'accord d'un bout à l'autre de cette Assemblée, d'un bout à l'autre du pays,sur les questions principales et essentielles qui préoccupent l'esprit humain et qui agitent les sociétés ; si vous nous croyez assez d'accord pour que l'établissement d'un enseignement uniforme aille sans froisser les convictions les plus légitimes et soulever les révoltes morales les plus sacrées, alors venez donc proposer, à ciel ouvert, le rappel de cette loi de liberté et la résurrection du monopole.

Mais,si vous ne le faites pas, si vous ne voulez pas le faire ou si vous désespérez d'y réussir, n'allez pas permettre que, par la voie oblique et détournée des réglements on rende inapplicable à toute une catégorie de citoyens français le bénéfice d'un droit qui est encore et qui restera — je l'espère — inscrit dans nos lois!

Vous me direz : « Qu'est-ce donc que cette quantité négligeable, cette petite poignée d'étudiants inscrits dans les facultés libres? Cela ne compte pas. »

Messieurs, s'il était vrai que les étudiants inscrits dans les facultés libres ne fussent, en effet, qu'une poignée, je me refuserais pour ma part à voir là une raison de leur dénier la justice.En matière d'équité, en matière de droit et de légalité,il n'y a pas de majorité ou de minorité ; et, n'y eût-il que dix élèves inscrits dans les facultés fondées en vertu d'une liberté légale, vous n'auriez pas le droit d'entraver pour ces dix élèves l'exercice de cette liberté.

Mais permettez-moi de traiter ici en deux mots une question de fait qui rendra plus sensible la valeur de ma réclamation.

Je prends les chiffres officiels qui sont inscrits dans le rapport même de M. Bastid, et j'y vois que, au 15 janvier 1894, le nombre total des étudiants de France pour l'enseignement supérieur était très légèrement inférieur à 25.000 et que le nombre total des élèves de l'enseignement libre, compris dans ce total général, était de 1.164.

Si je ne craignais d'abuser de votre patience [1]..., je pourrais vous expliquer comment il était en réalité d'un peu plus de 1.300 et comment, par les augmentations qu'il a reçues cette année, il s'élève à un chiffre compris entre 1.400 et 1.500, tandis que l'effectif total des étudiants en France pour 1895 doit dépasser légèrement 25.000.

Que représentent nos 1.500 étudiants par rapport à cet effectif? J'en ai fait le calcul: ils en représentent le dix-huitième. Sur 18 étudiants français, il y en a 1 qui appartient aux facultés libres.

Eh bien! messieurs, est-ce qu'un dix-huitième de la population scolaire vous paraît une quantité négligeable? Appliquez donc cette proportion à la population de la France. Le dix-huitième de cette population est d'environ 2.100.000 habitants. Que diriez-vous si un règlement d'administration publique venait priver 2.100.000 citoyens français de l'exercice d'un droit? Et que penseriez-vous d'un système d'apologie qui consisterait à dire que cette injustice ne compte pas, parce qu'il ne s'agit après tout que d'un dix-huitième de la population?

---

1. *Non! non! — Parlez.*

Mais je tiens à le répéter, je repousse une telle hypothèse... [1].

Telle n'a pas été l'intention ni de l'administration, ni du Conseil supérieur de l'instruction publique. On n'a pas voulu frauder une loi.

Mais alors, permettez-moi de le dire, la seconde hypothèse ne me paraît guère plus acceptable que la première : Si on n'a pas voulu frauder une loi par un règlement, on n'a pas très bien su ce qu'on faisait.

On a réglementé une matière d'enseignement supérieur en oubliant qu'il existe, de par la loi, des facultés libres, et l'on s'y est pris de telle sorte que ces facultés ne trouvent plus leur place, que leurs étudiants ne peuvent plus se mouvoir dans le réseau des contradictions réglementaires.

Messieurs, ce n'est pas là un fait accidentel, et c'est ce qui donne à mes observations la portée générale que je tiens à leur conserver.

L'enseignement supérieur a été déclaré libre en 1875. Cette liberté déplaisait dès lors au parti qui était à cette époque une minorité, qui a tout fait pour l'empêcher d'être consacrée par la loi et qui est devenu depuis une majorité dominante.

Lorsque cette évolution politique, qui a transformé la minorité en majorité, a été un fait accompli, on a essayé, d'abord en 1876, par une proposition tendant à supprimer les jurys spéciaux, puis, en 1880, par les lois auxquelles M. Jules Ferry a attaché son nom, de restreindre une liberté qu'on ne pouvait pas supprimer totalement. En 1876, on a échoué; en 1880, on a réussi.

---

1. M. RAYMOND POINCARÉ, MINISTRE DE L'INSTRUCTION PUBLIQUE. — Très bien.

Sur quoi donc a porté cette restriction de la liberté de l'enseignement supérieur? Elle a porté uniquement, j'allais dire sur la collation des grades; mais cette expression est impropre; elle a porté uniquement sur les conditions de l'examen.

La loi de 1875 reconnaissait aux étudiants des facultés libres le droit d'opter entre le jury commun, où n'entraient que les professeurs des facultés de l'État, et un jury spécial composé pour moitié des professeurs de l'État et pour moitié des professeurs des facultés libres. C'est cette option dont la suppression a été demandée en 1876 et réalisée par la loi du 15 février 1880.

Ajoutez à cela qu'en vertu de la loi de 1875 les groupes de trois facultés pouvaient porter le nom d' « universités libres » et qu'aujourd'hui ils ne le peuvent plus.

Voilà à quoi s'est borné l'effort du parti dominant contre la liberté de l'enseignement. Depuis quinze ans, la loi est restée sans modification. Aujourd'hui encore, personne ne propose de la modifier. Et l'on vient, par voie de réglementation, rendre impossible l'exercice du droit légal à une partie de nos étudiants!

Eh bien! quand il s'agissait de l'art dentaire, l'administration faisait observer qu'il était inutile d'établir une école à Lille puisque la faculté catholique de Lille donnait cet enseignement. M. le rapporteur du budget de l'instruction publique vous disait en outre que l'établissement d'un enseignement semblable à Paris serait « la mort de certaines institutions libres », et que « l'État ne doit pas venir détruire ce qu'a produit l'initiative individuelle ». Ce que je demande, c'est que vous ne soyez pas moins libéraux en matière littéraire qu'en matière dentaire.

Et maintenant, messieurs, quelles sont mes conclusions? Ah! il y a, en fait de conclusions, d'abord ce qu'on désire, et puis ce qu'on espère obtenir, et qui est toujours au-dessous. Ce que je voudrais, c'est ce que voulaient les promoteurs de la loi de 1875. Je voudrais qu'on en vînt à établir l'autonomie des groupes des facultés, qu'il s'agisse des facultés de l'État, entretenues aux frais des contribuables, ou qu'il s'agisse des facultés libres.

Je suis, pour ma part, un partisan convaincu de cette grande et intelligente réforme dont l'honorable M. Léon Bourgeois, quand il était ministre de l'instruction publique, s'est fait l'éloquent avocat au Sénat, réforme qui est allée, je ne sais pourquoi, se perdre dans les sables de l'inertie parlementaire, malgré les raisons péremptoires qu'apportait en sa faveur un homme dont personne ici, surtout M. le ministre, ne contestera l'autorité, je parle de M. Liard, directeur de l'enseignement supérieur, dont j'ai lu, médité, dont j'ai presque appris par cœur l'intéressante brochure.

Si cette grande réforme de l'autonomie des universités provinciales venait à s'accomplir, je souhaiterais que, dans un avenir plus ou moins éloigné, on ne refusât pas à des groupes de facultés libres qui auraient fait leurs preuves, qui auraient contribué par la haute valeur de leur enseignement et de leurs travaux à l'avancement de la science française, qu'on ne leur refusât pas à leur tour ce que vous donneriez tout de suite aux universités provinciales de l'État, c'est-à-dire le plein exercice avec le droit d'examiner leurs candidats.

Il ne s'agit pas ici de leur conférer des grades — car c'est une expression impropre, mais de leur donner des certificats d'aptitude auxquels l'État répond par la collation des grades. C'est une confusion regrettable que d'identifier l'examen avec la collation des grades.

On dit que la collation des grades est un droit régalien. Soit! Mais l'examen? C'est affaire de professeurs. Et pourquoi les professeurs libres, quand ils ont fait leurs preuves et quand vous pouvez, d'ailleurs, contrôler à chaque instant leur valeur, pourquoi ne seraient-ils pas aussi aptes que les professeurs payés par l'État à délivrer ces certificats, sur le vu desquels la puissance publique confère le grade?

Mais je ne vais pas si loin dans mes espérances que dans mes désirs. Je me borne à prier M. le ministre de provoquer une modification législative très modeste et d'accomplir lui-même un acte administratif qui sera un acte de justice.

La modification législative à laquelle je voudrais le voir apporter le concours de son autorité concerne les facultés libres qui ne sont pas représentées du tout dans le conseil supérieur de l'instruction publique. Je voudrais qu'elles le fussent désormais, au moins par l'un de leurs membres.

Quand on a réorganisé à nouveau, en 1880, les conseils de l'instruction publique, on n'a plus laissé à l'enseignement libre que deux représentants : un pour l'enseignement primaire et un pour l'enseignement secondaire. Quant à l'enseignement supérieur, il n'en a pas du tout. Vous me permettrez de supposer que s'il y avait eu dans le Conseil de l'instruction publique un représentant de l'enseignement supérieur libre, il aurait appelé l'attention de ses collègues sur les conséquences inaperçues, mais absolument inadmissibles, du règlement du 31 décembre 1894.

J'émets donc ce vœu qu'une place soit faite au sein du Conseil supérieur de l'instruction publique à un représentant de l'enseignement libre dans l'ordre des études supérieures.

Mais avant même que cette modification, qui réclamerait l'intervention du pouvoir législatif, soit réalisée, je demande à M. le ministre de l'instruction publique un acte qui est de sa compétence. Je crois lui avoir démontré qu'involontairement une injustice a été commise, qu'une impossibilité a été créée par le décret du 31 décembre 1894. Je lui demande de provoquer le remaniement de ce décret. Ce sera non seulement dans l'intérêt des étudiants de l'enseignement libre, mais aussi dans l'intérêt du bon renom de l'Université.

L'Université, messieurs, je n'en parlerai jamais qu'avec respect. Je sais, pour y avoir puisé dans ma jeunesse, quels trésors de savoir, d'expérience, de goût littéraire, elle ouvre à ceux qui suivent ses leçons. Je sais quels exemples de dignité personnelle, d'érudition, de vie laborieuse, dévouée à la science et à la diffusion de la science, donnent la plupart de ses professeurs. Mais je les estime trop pour penser que jamais ils croient nécessaire de défendre les privilèges de l'Université au moyen d'une injustice ou d'entraver la liberté de leurs émules.

Après tout, cette émulation ne vous paraît-elle pas une chose noble et belle? Quelles que soient vos convictions politiques, philosophiques ou religieuses, j'oserai presque vous défier de refuser votre estime — j'allais dire votre respect — à l'entreprise laborieuse, difficile et coûteuse que nous soutenons depuis vingt ans, sans autre appui que la générosité de nos amis et notre ardeur à promouvoir la science dans les rangs des croyants.

C'est la première fois, depuis que j'ai l'honneur d'appartenir au Parlement, que l'occasion m'est offerte de venir ici plaider cette grande cause à laquelle j'ai dévoué ma vie, et je le fais avec toute l'ardeur de mes convictions.

Pour servir cette grande œuvre, je ne demande à la puissance publique aucun concours ; je lui demande justice et liberté. Et s'il en est parmi vous qui estiment que nous poursuivons une tentative chimérique parce que, dans leur opinion, la science et la foi s'excluent, eh bien ! que ceux-là mêmes, que ceux-là surtout nous laissent vivre. Ils auront, si leur pronostic est fondé, la satisfaction de nous voir bientôt mourir.

Mais essayer de nous tuer à coups de décrets et de règlements, faute de pouvoir nous déposséder directement d'un droit que la loi nous reconnaît, cela, messieurs, ne serait digne ni de l'Université, ni du Parlement, ni de la France. On nous ferait croire vraiment qu'on a peur de nous, et c'est là un excès d'honneur dont je vous dispense de nous accabler.

LA LIBERTÉ

DE L'ENSEIGNEMENT SUPÉRIEUR

DEUXIÈME DISCOURS

Au discours précédent, M. Jaurès, l'orateur attitré du parti socialiste, répondit par des arguments que M. Poincaré, ministre de l'instruction publique, appelait de « brillantes généralisations ».

Évidemment, pour M. Jaurès et ses amis, il ne saurait y avoir de liberté d'enseignement supérieur. Pour eux, l'idéal : c'est l'enseignement officiel de l'État, enseignement athée et libertaire !

Avec beaucoup plus de mesure, de tact et de courtoisie, le ministre contesta l'importance des critiques du recteur de l'Institut Catholique, et affirma que la liberté de l'enseignement supérieur était sauvegardée.

M. Poincaré avouait, en outre, qu'une partie de l'argumentation de Mgr d'Hulst lui avait complètement échappé, mais il ajoutait qu'il était prêt à préciser sa réponse, si son contradicteur voulait bien, de son côté, préciser ses objections, lorsque viendrait la discussion du chapitre 7 du budget de l'instruction publique.

C'était donc pour répondre à cette invitation que, le 12 février 1895, le député de Brest montait à la tribune.

Messieurs, si brèves que doivent être mes explications, je me serais même interdit de vous les apporter si je n'y avais en quelque sorte été invité par M. le ministre de l'instruction publique, lorsque, répondant hier à la fois à tous les orateurs qui l'avaient précédé, il a dit à mon adresse qu'il n'avait pas très bien compris sur quoi portaient mes objections et que si, au moment de la discussion du chapitre 7, je voulais les préciser, il pourrait alors préciser sa réponse.

J'ai craint de paraître décliner ce rendez-vous que M. le ministre me faisait l'honneur de me donner, et voilà pourquoi j'ai demandé la parole sur ce chapitre 7, quoique je n'apporte aucune demande d'augmentation ni de suppression de crédit.

Je répondrai en même temps à l'honorable M. Jaurès, qui s'est souvenu, en commençant son discours, des liens qui le rattachaient à l'Université et qui, malgré ses précautions oratoires, a semblé un moment parler comme le ministre de l'instruction publique du Gouvernement qu'il nous promet pour demain ou après-demain.

Voici ce que j'ai à répondre tout à la fois à M. le ministre et à M. Jaurès.

Je me suis plaint que d'une manière générale l'Université — que je respecte, je l'ai assez dit — étant, de par la loi, juge des examens que doivent subir les élèves des facultés libres, ne se souvînt pas toujours, dans la pratique, que l'enseignement supérieur n'est plus un monopole et qu'il existe en France d'autres facultés que les siennes.

Je ne crois pas qu'il y ait de sa part la moindre mauvaise volonté : il y a un vieux pli qui ne s'efface pas. Le monopole universitaire a duré, dans l'enseignement primaire et secondaire, jusqu'en 1850; dans l'enseignement supérieur, jusqu'en 1875. La possession d'état du monopole a donc duré pendant trois quarts de siècle pour les écoles supérieures; de là des habitudes prises. Il semble qu'on n'ait pas encore, depuis vingt ans, contracté l'habitude contraire. Voilà la portée générale de mon observation.

Mais quand on fait une observation générale, on est facilement accusé de parler dans le vague, pour ne pas dire dans le vide, si l'on n'apporte pas des exemples et des preuves.

J'ai trouvé un exemple, et j'ai cru trouver une preuve du bien-fondé de ma plainte dans certaines dispositions du décret du 31 décembre 1894.

J'ai montré, en effet, que ce décret avait apporté des modifications au programme de la licence ès lettres. M. Jaurès m'a dit : Mais ces modifications sont très avantageuses : elles introduisent plus de souplesse, elles introduisent aussi un peu de nouveauté, un peu de rajeunissement dans ces exercices littéraires.

Je suis le premier à reconnaître que c'est là un bien, et sur ce point je serai d'accord avec M. Jaurès. Mais ce que je ne puis pas lui accorder, c'est que nous ayons, nous autres représentants de l'enseignement libre, la prétention de subordonner l'université de l'État « à nos petites convenances privées », lorsque nous demandons simplement la possibilité de vivre et de respirer sous les autorités qu'on a mises au-dessus de nous.

Nous n'avons pas demandé à leur être subordonnées; mais puisque c'est chose faite, il convient que du moins elles tiennent compte de notre existence et qu'elles nous permettent de vivre. Voilà tout ce que je demande.

Ici, M. le ministre de l'instruction publique intervient et il me dit : De quoi vous plaignez-vous ? Les matières à option, dont la détermination dépendra de chaque faculté, restent facultatives ; vous n'avez qu'à y renoncer et à vous enfermer vous-même dans le vieux programme, et alors vous n'aurez à vous plaindre de rien... [1].

Je ne sais pas si j'ai bien compris, Monsieur le ministre, je vais relire vos paroles. Voici ce que vous avez dit :

« Puisque aussi bien l'option est facultative pour les candidats, et que ceux qui ont fait tel ou tel choix de matières ne sont en aucune manière astreints à suivre les cours des facultés de l'État. »

L'option est facultative, j'en conviens, mais les matières à option sont déterminées par les maîtres de l'enseignement public, et les élèves de l'enseignement libre sont obligés de se conformer à la liste de ces matières à option, s'ils veulent être interrogés sur cette partie supplémentaire de l'examen. Or, je le demande, est-ce un avantage, oui ou non, de pouvoir affronter cette partie des épreuves?

Vous me dites qu'on a bien fait d'introduire cette innovation. Je suis de cet avis ; il est bon de rajeunir l'enseignement ; mais, si cela est bon pour vos élèves cela est bon aussi pour les nôtres ; seulement les vôtres peuvent profiter de cet avantage et trouver dans la preuve qu'ils apportent d'études faites sur des matières nouvelles l'occasion de se signaler.

---

1. M. LE MINISTRE DE L'INSTRUCTION PUBLIQUE. — Je n'ai pas dit exactement cela.

Quant aux élèves de l'enseignement libre, ils sont exclus de cet avantage... [1].

On dit que je me plains d'un dommage qui n'existe pas. Je prouve qu'il existe, — et aussitôt vous vous alarmez sans même connaître le remède que je vous propose. Je vais vous montrer que vos craintes sont mal fondées.

Il y aurait plusieurs manières de nous donner satisfaction. Mais je respecte trop le temps de la Chambre pour entrer dans des détails techniques, pédagogiques, qui auraient bientôt lassé votre patience. Et voilà pourquoi je croyais répondre à la vérité de la situation en demandant simplement que ces questions délicates et fort spéciales, qui ressortissent au Conseil supérieur de l'instruction publique n'y fussent pas traitées sans que les intérêts de l'enseignement libre y fussent représentés et défendus.

Ici, je dois faire un aveu : j'ai commis hier une erreur matérielle ; j'ai dit que l'enseignement supérieur libre n'était pas représenté au conseil de l'instruction publique — et j'aperçois l'honorable directeur de l'enseignement supérieur qui me fait un signe d'assentiment.

Oui, je me suis trompé. J'ai relevé ce matin les noms et qualités des représentants de l'enseignement libre au sein du Conseil supérieur. Ils sont au nombre de quatre, en vertu de la loi du 27 février 1880. Ces quatre membres, à la différence, notez-le, des représentants de l'enseignement public, ne sont pas

1. M. JAURÈS. — Alors vous demandez à tracer vous-mêmes les programmes de l'examen ?

M. D'HULST. — Permettez ! je vais vous répondre ; je ne peux pas tout dire à la fois.

désignés par leurs pairs, mais nommés par le ministre. Il y une personne chargée de représenter l'enseignement des jeunes filles, Mlle Salomon. Mettons-la hors de cause; ce n'est pas elle qui viendra défendre nos intérêts. Il y a un représentant de l'enseignement primaire : c'est le supérieur général des Frères des écoles chrétiennes. Il y a un représentant de l'enseignement secondaire : c'est un M. Figuera qui dirige une de ces institutions libres laïques auxquelles vous portez avec raison beaucoup d'intérêt, et auxquelles nous sommes fort éloignés de vouloir du mal.

Quant à l'enseignement supérieur, il est représenté par le très éminent et très honorable directeur et fondateur de l'école libre des sciences politiques, M. Boutmy, membre de l'Institut.

Cette école, vous le savez, a pris naissance plusieurs années avant que le monopole de l'enseignement supérieur fût abrogé; elle a été fondée, si mes souvenirs ne me trompent pas, dans les dernières années de l'Empire et elle avait dès lors les faveurs du Gouvernement; elle les a conservées sous la République, à travers la succession des ministères et des majorités; si bien que l'honorable ministre du commerce actuel était, à la veille de sa nomination, professeur de cette école.

L'enseignement qui se donne rue Saint-Guillaume est un enseignement très distingué, dont profitent plusieurs de nos élèves et auquel participe même un de nos professeurs; mais d'abord cet enseignement n'a pas pris la forme d'un enseignement de faculté : et surtout, permettez-moi de le dire, il entretient avec les gouvernements, quels qu'ils soient, des relations si intimes qu'il ne sent peut-être pas autant que nous le besoin de défendre une liberté qui pour lui ne court aucun péril. Je demande donc qu'un jour vienne où l'enseignement supérieur libre, organisé en forme de facultés, puisse faire entendre ses revendications au sein du conseil de l'instruction publique.

Ce jour-là, je ne serais pas embarrassé pour proposer une façon simple et pratique de concilier ces deux intérêts : rajeunir l'examen et en même temps temps nous admettre au bénéfice qu'on trouve bon d'assurer aux élèves de l'enseignement public.

Il suffirait, c'est un simple exemple que je donne, que la liste des auteurs et que le programme des matières facultatives pussent être dressés par la faculté libre et soumis ensuite à l'examen, à l'appréciation et au visa des facultés de l'État.

Vous voyez que je ne cherche pas à me soustraire à leur contrôle. Lorsqu'une faculté de l'État, agissant avec une délégation de la puissance publique, aurait décidé qu'un programme est bon et qu'il a une valeur suffisante, pourquoi ne serait-il pas permis aux élèves des facultés libres d'être interrogés là-dessus? C'est une des mille manières de nous mettre d'accord, et vous voyez que les droits de l'État ne sont ici nullement en péril.

Je conclus par l'observation générale que j'avais faite en commençant. Il est temps, puisque l'enseignement libre à tous les degrés a une existence légale dans notre pays, puisque, d'autre part, il a des relations inévitables et obligatoires avec l'enseignement public, il est temps que le plus puissant, le plus fort s'habitue à considérer le plus jeune, qui est encore le plus faible, non avec dédain ni avec jalousie, mais avec bienveillance, et à voir en lui un émule plutôt qu'un rival, mais surtout pas un adversaire. C'est la justice, et c'est aussi, permettez-moi de le dire, l'intérêt bien entendu.

Mais ici je ne m'adresse plus à M. Jaurès ; je m'adresse, au contraire, à ceux qui sont, comme moi, profondément séparés de lui par les principes qu'il professe sur la famille, sur la propriété et sur l'organisation de la société, et je leur dis : aujourd'hui vous n'avez que de l'indifférence, ou quelque chose de pis, pour l'enseignement libre, parce que vous trouvez vos intérêts suffisamment servis par l'enseignement public, étant de ceux qui en disposent et qui le dirigent. Mais, si notre pays devait connaître cet avenir, et j'ajouterai même ce malheur, de voir passer la puissance publique aux mains du parti socialiste...[1], je crois que, ce jour-là, beaucoup de ceux qui regardent aujourd'hui d'un œil tantôt jaloux, tantôt dédaigneux, rarement bienveillant, l'enseignement libre à tous les degrés, et très particulièrement au degré supérieur, ne seront pas fâchés de trouver quelque part, dans quelques petits coins de la France, des groupes autonomes d'hommes de science et des établissements scientifiques indépendants, où l'on continuera à professer sur ces importantes questions les principes tutélaires contre lesquels se réuniront alors les ressources redoutables de la puissance publique.

Il me semble que l'Université et l'administration publique devraient se pénétrer de sentiments chaque

---

1. *A l'extrême gauche.* — Ce serait un bonheur !
M. D'HULST. — Je crois que ce serait un malheur. C'est mon opinion, j'ai bien le droit de l'exprimer.

jour plus favorables à la liberté des hautes études, et faire passer ces sentiments dans les rapports qu'ils échangent avec nous. Il y a là, je le répète, des habitudes nouvelles à prendre. Elles ne sauraient coûter à votre esprit de justice et de courtoisie. Sachez honorer, dans ces créations de notre initiative et de notre foi, une tentative honorable après tout et dont le succès peut vous ménager à vous-même une ressource précieuse le jour où des conceptions que vous estimez, comme nous, subversives, auraient forcé les avenues du pouvoir.

LES CONGRÉGATIONS

ET

LE DROIT D'ACCROISSEMENT

PREMIER DISCOURS

La Chambre, le 18 mars 1895, en était arrivée, dans la discussion du budget, à l'article 4 de la loi des finances ainsi conçu :

« Art. 4. — Pour tenir lieu des droits d'accroissement auxquels les lois des 28 décembre 1880 et 29 décembre 1884 ont assujetti les congrégations, communautés et associations religieuses autorisées et non autorisées, il est établi une taxe annuelle et obligatoire sur la valeur brute des biens meubles et immeubles possédés par les dites congrégations, communautés et associations. »

On sait ce que sont ces lois fiscales, inspirées par les sectes. Elles ne sont pas autre chose qu'une nouvelle et hypocrite atteinte portée à la liberté des associations religieuses.

Mgr d'Hulst suivait donc la discussion avec une grande attention, se réservant d'intervenir dès que l'occasion s'en présenterait. Cette occasion, ce fut M. Goblet qui la provoqua par certaines allégations, contre lesquelles le prélat-député fit entendre de la tribune cette courageuse protestation :

Messieurs, vous le voyez, je n'apporte ici ni dossiers, ni notes ; vous n'avez donc pas à craindre un discours. C'est uniquement par égard pour notre honorable collègue M. Goblet et par respect pour le règlement que tout à l'heure j'ai demandé la parole, au lieu de procéder par voie d'interruption, comme cela m'arrive malheureusement quelquefois, ainsi qu'à beaucoup de mes collègues.

J'ai voulu tout simplement arrêter au passage un énoncé de faits qui m'a paru inexact. Il m'a semblé pour un moment que M. Goblet nous transportait dans l'ancien régime, alors que les membres des ordres religieux étaient, par l'émission de leurs vœux, frappés de mort civile. Il a dit, en effet, que les autres citoyens héritaient, payant sur leur héritage, tandis que les membres des congrégations, faisant corps avec elles, ne procuraient pas au fisc cet avantage.

Les vœux religieux, n'étant plus reconnus depuis cent ans par le droit civil, n'affectent en aucune façon le statut personnel du membre de la congrégation ; et, par conséquent, quand une personne est entrée dans un ordre religieux et qu'elle vient à perdre son père, elle hérite, elle paye les droits de succession. Elle s'arrange ensuite avec sa conscience et son supérieur... [1].

Je dis que, maîtresse de son bien devant la loi, elle en dispose de son vivant ou à cause de mort dans les mêmes conditions que tous les citoyens; et quand elle meurt, ses biens personnels qu'elle lègue à sa famille, par exemple, payent encore des droits de succession.

---

1. — *Exclamations.*

M. d'Hulst. — Je ne révèle là aucun mystère qui justifie vos exclamations!

Et, s'il y a une partie des biens recueillis par héritage dont elle a fait de son vivant tel usage qu'il lui a plu, elle a encore cela de commun avec tous les citoyens. Je ne vois pas, par conséquent, qu'il soit nécessaire de faire une loi spéciale pour régler son cas...[1].

Pendant tout le cours de cette discussion, ceux qui ont combattu l'amendement de M. de Ramel, ceux qui ont accueilli avec défiance l'amendement de M. Clausel de Coussergues, ont obéi à une préoccupation que je crois parfaitement sincère, mais que j'estime très mal fondée.

Je répondrai ici deux mots seulement à des paroles qui m'avaient ému, je l'avoue, dans la bouche de l'honorable rapportenr général. Tout à l'heure, de ma place, je lui ai adressé un mot que M. le président n'avait pas bien entendu et qu'il avait pris, je ne dirai pas pour une injure, mais pour une expression peu conforme au respect que se doivent des collègues. Je tiens à répéter ici ce que j'avais dit de ma place. Je disais à M. Cochery : « C'est une pure insinuation. »

C'est en effet une insinuation que de dire que les congrégations religieuses ont organisé à l'égard du fisc je ne sais quelle résistance de mauvaise foi...[2].

Mais enfin, c'est extraordinaire ! Comment ! vous

---

1. — *Sur divers bancs.* Aux voix !

M. D'HULST. — J'ai encore un mot à dire : je le dirai. Vous êtes en vérité bien intolérants ! Nous vous avons demandé de voter la disjonction, vous nous l'avez refusée ; vous ne pouvez pas maintenant nous refuser le droit de nous expliquer. (*Parlez !*)

2. *Exclamations à gauche.*

êtes là cent cinquante ou deux cents qui apportez contre toute une catégorie de citoyens que j'estime et que je respecte une accusation qui porte atteinte à leur honneur, et quand je viens les défendre vous poussez des exclamations comme si je commettais je ne sais quelle inconvenance !

Je remplis un devoir en même temps que j'use de mon droit.

Quoi! vous vous poserez ici en accusateurs, et vous ne tolérerez pas qu'il se lève des défenseurs! Je manquerais au respect que je dois à mes convictions si je ne prenais pas rang parmi ces défenseurs.

On a beaucoup parlé ici, et avec raison, de la sincérité que nous apportons tous dans un pareil débat; c'est aussi une déclaration sincère que je viens vous faire en vous disant que je crois connaître de plus près que vous les congrégations religieuses.

Dans ma carrière ecclésiastique j'ai été appelé, par la confiance de mon archevêque, à exercer sur plusieurs d'entre elles cette surveillance qui appartient à l'autorité diocésaine sur les communautés de femmes, placées par un décret du concile de Trente sous l'autorité immédiate des évêques.

Je suis donc entré dans leurs affaires, j'ai vu comment ces affaires se traitent et j'ai quelque qualité pour venir vous déclarer qu'elles se traitent honnêtement.

Vous partez d'une supposition, qui est de votre part — à votre insu, je le veux bien — un parti pris, et que mes honorables amis ont combattue par des arguments juridiques, à savoir que les lois de 1880 et de 1884 étaient, d'une part, des lois de droit commun, d'autre part, des lois équitables et modérées ; d'un autre côté, vous constatez que ces lois ont rencontré de la résistance dans leur exécution, et vous dites : « Voilà bien la mauvaise foi ! voilà la résistance contre les lois de l'Etat ! »

Il y a une autre conséquence à tirer des obstacles qui ont arrêté la perception : c'est que, contre votre volonté, ces lois contenaient des dispositions injustes, inapplicables.

Je ne veux citer qu'un seul exemple.

On nous a dit que la loi de 1880 avait été inefficace en ce qui regarde l'impôt sur le revenu, parce qu'elle avait admis les congrégations à produire leur comptabilité et à faire ressortir leurs bénéfices réels. Or, a dit M. le rapporteur général, on a usé de tant de dissimulation et d'habileté dans l'établissement de cette comptabilité, qu'il ressortait des bénéfices nuls ou insignifiants, et il a bien fallu alors punir les Congrégations en leur attribuant d'office, à forfait, un revenu de 5 0/0 sur la valeur brute de leurs meubles et immeubles.

Si vous connaissiez un peu mieux les affaires des congrégations, vous sauriez qu'il n'a pas été nécessaire de recourir à des artifices de comptabilité pour établir que ces bénéfices sont très minimes.

Quand vous évaluez la fortune des congrégations, comment procédez-vous? Vous regardez leurs meubles et immeubles, vous estimez la valeur vénale de ces biens et vous dites : Cela doit rapporter tel revenu. Vous vous étonnez alors que cela rapporte peu ou rien.

L'honorable M. Clausel de Coussergues vous faisait remarquer tout à l'heure qu'une partie de ces biens avait des affectations charitables qui ne produisent aucun revenu. Même chez les congrégations que vous appelez riches, il y a des immeubles importants qui sont totalement improductifs et d'un entretien très lourd. Voilà pourquoi, avant 1884, le bilan que vous présentaient ces congrégations ne répondait pas à votre attente. Il ne s'ensuivait nullement que ce bilan manquât de sincérité...[1].

J'étais monté à la tribune pour rectifier une erreur de fait que me paraissait avoir commise l'honorable M. Goblet, et j'ai ajouté à cette rectification une protestation, bien naturelle de ma part, contre des insinuations qui blessent dans leur honneur toute une catégorie de citoyens.

Je suis venu ici leur rendre hommage, et j'ai trop de confiance dans les sentiments de justice qui animent la Chambre pour penser que ces protestations parties de mon cœur puissent influer en sens contraire sur l'issue de la discussion.

---

1. *Interruptions.*

M. ALPHONSE HUMBERT. — Plus vous parlez, plus nous sommes sûrs de voir repousser l'amendement.

M. D'HULST. — Si vous disiez vrai, mon cher collègue, il ne serait plus exact que chacun apporte dans cette discussion un esprit d'équité. Mais j'ai meilleure opinion des sentiments de mes collègues.

LES CONGRÉGATIONS

ET

LE DROIT D'ACCROISSEMENT

DEUXIÈME DISCOURS

Mgr d'Hulst, qui avait protesté, avec énergie, contre certaines paroles de M. Goblet, dans la discussion de l'article 4 de la loi fiscale visant les congrégations, intervenait de nouveau le lendemain, 19 mars 1895, à propos de l'article 9 de la même loi.

Nous ne croyons pas inutile de reproduire ici en entier cet article 9. Il montrera une fois de plus combien inique et révoltante en est la rédaction, faite par le Gouvernement d'alors d'accord avec la commission de la Chambre. Sa lecture servira aussi à mieux faire saisir le sens et la portée des paroles de Mgr d'Hulst.

« ART. 9 — Les congrégations, communautés et associations religieuses qui, au moment de la promulgation de la présente loi, seront débitrices de droits d'accroissement, auront un délai de six mois à partir de cette époque pour se libérer, sans pénalité, mais à la condition de rembourser au Trésor tous les frais qu'il aurait exposés contre elles.

« Elles pourront opter, à cet effet, entre l'application des règles anciennes et celle des règles établies par la présente loi sans pouvoir toutefois se prévaloir de l'exemption accordée par le paragraphe 2 de l'article 4. Dans ce dernier cas, la taxe annuelle sera calculée à compter du jour de la naissance de la plus ancienne créance du Trésor et liquidée sur la valeur brute des biens meubles ou immeubles, telle que cette valeur aura été déclarée ou constatée pour le payement de l'impôt sur le revenu, ou, à défaut, au moyen de la déclaration prévue par l'article 5 de la présente loi.

« Faute par elles de s'être libérées dans le délai ci-dessus imparti, les congrégations, communautés et associations religieuses devront acquitter, sans préjudice de tous frais exposés, la taxe annuelle calculée, comme il vient d'être dit, à compter du jour de l'ouverture de la plus ancienne créance du Trésor. Elles seront, en outre, passibles d'une amende égale à la moitié de la taxe exigible. »

Il est à peine nécessaire, sans doute, d'ajouter que cette rédaction fut adoptée, et que la majorité sectaire de la Chambre repoussa avec ensemble la modification proposée par Mgr d'Hulst.

Messieurs, l'article 9 qui vous est proposé organise, autant que j'ai pu l'entendre, la perception des droits arriérés dus par les congrégations en vertu des lois de 1880 et 1884 et qui n'ont pas été payés jusqu'ici.

Vous venez d'élever à 50 centimes l'impôt sur les congrégations non reconnues, vous avez maintenu le droit de 30 centimes sur les congrégations reconnues, vous avez accordé dans des conditions extrêmement restreintes et dont l'application, je le crains, sera plus limitée encore que vous ne le pensez, une exemption en faveur de certains établissements charitables dirigés par des congrégations reconnues. Je pense que toutes les appréhensions que pouvait vous inspirer le spectre de la mainmorte doivent être suffisamment calmées, et je fais appel en ce moment à votre esprit de justice et de bienveillance, en vous demandant, après tant de satisfactions obtenues, d'accorder à votre tour une satisfaction à ceux qui représentent une opinion contraire à la vôtre.

Je viens demander l'adoption d'une rédaction toute différente, qui serait ainsi conçue :

« Remplacer l'article 9 par ces mots :

« L'enregistrement renonce à toute répétition des droits non perçus jusqu'ici en vertu des lois de 1880 et de 1884. »

Dans le projet primitif de la commission du budget, dans le rapport de l'honorable M. Cochery, le montant de cet arriéré était évalué à 6.750.000 fr.

La seule congrégation des Sœurs de Charité, dont parlait hier M. Clausel de Coussergues, aura 600.000 francs à payer à la fois, somme qu'elle est absolument incapable de fournir.

Il me semble qu'en faisant état dans le budget de cette somme de 6.750.000 francs, soit en capital, soit en annuités, vous faites d'abord un calcul illusoire ; vous escomptez une rentrée qui ne pourra pas s'opérer. Si vous voulez aller jusqu'au bout, vous entrerez de nouveau dans cette voie des contraintes et des mesures contentieuses à laquelle M. le Président du conseil vous invitait hier, avec beaucoup de raison, à préférer des procédés plus pacifiques.

En même temps qu'un calcul illusoire, vous ferez, j'en ai la conviction intime, un acte injuste et oppressif, et, malgré les manifestations très vives d'opinion qui sont parties de ce côté [1], j'ai meilleure opinion du sentiment général de la Chambre et je

1. *L'orateur désigne l'extrême gauche.*

l'invite à faire un acte où il entrera de l'équité et de la bienveillance, et duquel résultera la pacification.

Aux propositions si libérales et si modérées de Mgr d'Hulst, le rapporteur général répondit par une fin de non-recevoir. « La commission du budget ne peut pas accepter la prise en considération de l'amendement de Mgr d'Hulst, disait M. Cochery. « Elle considère que les mesures qui font l'objet de l'article 9 de la loi sont déjà très bienveillantes », affirmait-il malgré les exclamations et protestations de la droite. Et il concluait que ne pas percevoir l'arriéré qui est dû, « ce serait créer une prime à la résistance à la loi et faire ainsi un acte immoral. »

Cette réponse provoqua la réplique suivante du député du Finistère, coupée par un dialogue avec M. Ribot, ministre des finances :

Je ne veux répondre qu'un seul mot à M. le rapporteur général. Il a commencé par dire que l'option donnée aux congrégations quant au mode de payement était déjà une marque de bienveillance. Je ne veux pas contester que cette intention soit dans l'esprit de M. le rapporteur général, mais je conteste que la bienveillance apparaisse dans les faits et, pour le prouver, j'apporterai un seul chiffre.

La congrégation qui devrait payer, suivant le mode ancien de perception, 600.000 francs à la fois, sera admise à payer une quinzaine d'annuités de 40.000 francs.

M. Ribot, *président du conseil, ministre des finances.* — Il n'y a pas de congrégation qui doive payer 600.000 francs. Les Sœurs de Charité doivent payer un chiffre moins considérable.

M. d'Hulst. — Ce chiffre cependant m'avait été

donné par des personnes bien placées pour le connaître. Voulez-vous me permettre alors, Monsieur le Président du conseil, d'interroger M. le directeur de l'enregistrement. La somme de 6.750.000 francs ne se compose pas avec des zéros. Il y a de grandes congrégations qui devaient, d'après la loi telle que vous l'interprétez, des sommes considérables ; si ce n'est pas 600.000 francs, c'est quelque chose qui s'en rapproche. M. le directeur général pourrait nous donner le chiffre exact.

M. LE PRÉSIDENT DU CONSEIL. — Nous ne sommes pas ici devant un tribunal, nous ne pouvons pas discuter les chiffres. Je répète qu'ils sont inférieurs à celui que vous citez.

M. D'HULST. — Alors, vous me permettrez de dire, Monsieur le Président du conseil, avec tout le respect que j'ai pour votre parole, que le démenti que vous opposez à des renseignements que j'avais le droit de croire authentiques, perd de sa valeur, si vous n'êtes pas en mesure de substituer à mes chiffres des indications plus précises et plus exactes.

Du reste, en admettant un doute sur le chiffre, — mettez qu'au lieu de 600.000 francs ou de quinze annuités de 40.000 francs, ce soit 500.000 francs et quinze annuités de 35.000 francs environ, — je demande, — et c'est ma réponse à M. le rapporteur général, — si c'est là une mesure de très grande bienveillance que de dire à des congrégations que vous frappez pour l'avenir d'un impôt de 30 centimes 0/0 :

« Vous me payerez l'arriéré ; mais s'il vous plait de diviser la somme en plusieurs paquets, j'y consens, pourvu que le total soit sensiblement le même. »

Il peut exister, dans certains cas particuliers, un petit avantage à choisir un mode de payement de préférence à un autre. Mais cela est insignifiant, puisque le fisc ne veut rien perdre. La bienveillance dont se pare M. le rapporteur général est donc absolument nulle, et nous ne pouvons pas admettre qu'il y ait dans cette répétition de l'arriéré autre chose qu'un procédé fiscal que l'honorable M. de Ramel appelait hier un procédé brutal.

Quant à l'inégalité qui en résulterait entre les congrégations qui ont payé et celles qui n'ont pas payé, je laisse à la conscience des représentants de l'État la recherche des mesures qui les exonéreraient d'une injustice dans le passé; mais je leur demande de ne pas en commettre une nouvelle à l'avenir.

LA POLITIQUE ET LE PATRIOTISME

« Ennemi de l'opposition systématique, j'apporterais au Gouvernement le concours de mes votes toutes les fois qu'il s'agirait de l'aider à faire le bien, à suivre au dehors une politique tout à la fois pacifique et fière, la seule qui convienne à la France relevée de ses malheurs. » C'est ainsi que s'exprimait Mgr d'Hulst dans sa première profession de foi aux électeurs bretons.

Fidèle à ce programme, il se séparait donc de bon nombre de ses amis de la droite, (11 juin 1895) pour voter avec le Gouvernement, dans l'interpellation du parti socialiste sur la politique étrangère de la France.

Ce que son prédécesseur, Mgr Freppel, avait fait résolument, à plusieurs reprises, à propos de la politique coloniale du Gouvernement républicain, le prélat-député le faisait, avec un patriotisme réfléchi et clairvoyant, au sujet du voyage de notre escadre à l'inauguration du canal de Kiel.

Mgr d'Hulst estimait que l'esprit de parti doit faire silence, et que les ressentiments politiques, même les plus légitimes, doivent s'effacer quand la patrie est en question.

Voici comment il expliquait son vote en faveur de l'ordre du jour approuvant les déclarations du Gouvernement :

Messieurs, le présent débat offre cette particularité qu'il nous trouve tous unanimes dans le sentiment, et profondément divisés dans la manière de l'exprimer.

Cette division ne se fait pas seulement de groupe à groupe, de parti à parti, elle se fait au sein d'un même parti, et ceci prouve seulement une chose, c'est que dans une matière extrêmement complexe et épineuse chacun a le scrupule de son opinion. Ce scrupule nous honore, car il prend sa source dans notre patriotisme...[1].

Si je n'avais eu qu'à me séparer de ceux que je considère comme mes adversaires politiques, je n'aurais pas éprouvé le besoin de m'expliquer; mais je me crois forcé en ce moment de me séparer d'un certain nombre de mes amis, de ceux que j'estime le plus.

J'aurais donc voté l'ordre du jour pur et simple s'il avait été accepté par le Gouvernement, car il est, à mes yeux, la seule conclusion convenable d'un débat qui, comme l'a dit M. Goblet, n'aurait pas dû être soulevé. Dans la circonstance présente, je me vois réduit, je dirai même condamné à voter l'ordre du jour accepté par le Gouvernement, quoique le Gouvernement n'ait pas ma confiance.

Le sort du cabinet me laisse profondément indifférent. Je le verrais tomber sans peine, comme je verrais arriver sans espoir celui qui probablement lui succéderait. Mais il me semble qu'il y a ici tout

---

1. M. Marcel Habert. — Il n'y a pas deux façons de comprendre le patriotisme! (*Bruit.*) Nous irons alors à Kiel avec les bénédictions de l'Eglise?

M. d'Hulst. — Monsieur Habert, vous ferez telle déclaration qu'il vous conviendra ; quant à moi, je n'ai pas besoin de prendre vos inspirations.

autre chose qu'une question de politique ministérielle, qu'il y a une question de patriotisme, puisqu'il s'agit d'une affaire de politique étrangère.

Tout à l'heure, quelques-uns de nos collègues — et l'honorable M. Goblet en particulier — ont demandé quelle était la politique du Gouvernement. Je n'ai pas qualité pour répondre ; mais je crois pouvoir résumer en une seule phrase la politique que j'approuve.

La France a subi une mutilation douloureuse. Elle doit y penser toujours et se tenir prête pour l'heure de la lutte ; mais, en attendant, j'estime qu'il est de sa dignité et de son intérêt de faire en Europe et dans le reste du monde exactement ce qu'elle ferait si elle n'avait pas perdu deux provinces. Cela ne l'empêchera pas de les reconquérir ; au contraire.

Il serait temps d'avoir une politique raisonnable et de n'abandonner pas tout au sentiment. Le Gouvernement me paraît avoir eu le mérite de le comprendre, et c'est pourquoi sa politique, quoiqu'elle soit la sienne, sera aussi la mienne.

LE BUDGET

DE L'INSTRUCTION PUBLIQUE

Tout commentaire sur le discours qui suit *nous semble* superflu. Il suffira de le lire pour conclure que, ce jour-là, (Séance du 26 novembre 1895) Mgr d'Hulst fit entendre à la Chambre autre chose qu'une simple et éloquente protestation.

On ne pouvait pas, en effet, condamner d'une façon plus sévère et plus juste, malgré sa modération apparente, les folies budgétaires accomplies chaque année, sous l'inspiration des sectes antichrétiennes, en faveur de l'*enseignement* soi-disant républicain.

Messieurs, je désire présenter de brèves observations sur l'ensemble du budget de l'instruction publique.

Dans les réflexions que l'honorable M. Delafosse apportait hier à cette tribune sur l'ensemble du budget, j'en ai relevé beaucoup auxquelles je m'associe pleinement. Mais j'ai été frappé aussi d'une réponse que l'honorable M. Cochery, rapporteur général du bubget, a faite à l'une de ces remarques: tout ce que vous critiquez là, a-t-il dit, c'est le système républicain, et le pays a jugé.

Cette conclusion me paraît un peu large. De ce que le pays a manifesté par la majorité du suffrage universel qu'il lui plaît de rester en République, il ne s'ensuit pas que le pays approuve et sanctionne, ni dans le passé, ni dans le présent, tout ce que font ceux qui président aux destinées de la République.

D'ailleurs, nous sommes ici pour contrôler, en vertu de notre mandat législatif, la conduite des affaires, et ce serait vraiment une façon trop commode de couper court à toute discussion que d'écarter chaque critique par cette fin de non-recevoir : ce que vous blâmez fait partie du système républicain ; le pays a jugé.

J'ai choisi, messieurs, le budget de l'instruction publique comme un excellent terrain d'observation pour apprécier ce système qu'on qualifie de système républicain. C'est là une dénomination étrange. Je croyais jusqu'ici que la République était une forme de gouvernement dans lequel les magistratures sont électives et temporaires.

Je ne vois aucun rapport entre cette définition, qui me semble juste, et un système de dépenses à outrance. Je vous avoue que, pour ma part, sans avoir une très grande tendresse pour la forme républicaine, mais respectueux que je suis de la constitution de mon pays, je concevrais aussi bien une république économe qu'une république prodigue et dépensière ; je ne la trouverais pas moins républicaine pour cela. Si même il vous plaît d'attacher au mot République un sens très conforme à son étymologie, je dirai que l'intérêt de la chose publique se trouve beaucoup plus du côté du système des économies que du côté du système des dépenses.

Autrefois, tout le parti républicain se prononçait résolument et joyeusement pour le système des prodigalités ; on sonnait avec entrain la fanfare des dépenses nouvelles. Aujourd'hui le ton a baissé partout ; il suffit d'ouvrir au hasard soit le rapport si remarquable et si sincère de M. Georges Cochery sur l'ensemble du budget, soit l'un quelconque des rapports sur le budget particulier des ministères, pour y retrouver non plus la note triomphante, mais la note attristée, anxieuse et mélancolique.

Il est vrai que cette mélancolie n'amène pas les rapporteurs à tirer des conclusions conformes à leurs prémisses. Vous avez sans doute été frappés comme moi du singulier contraste qui éclate dès les premières pages du rapport de M. Cavaignac sur le ministère de la guerre, entre les inquiétudes qu'il exprime et les propositions qu'il fait. Il dit en effet : « Accroissement sans précédent des effectifs, création de champs de tir, etc., c'était là comme un flot de dépenses dont la masse dépassait tout ce qu'avaient vu nos prédécesseurs. »

Et après avoir ajouté « que ce n'est pas même là que se borne la répercussion des demandes du Gouvernement, qu'il n'est pas douteux que ces demandes n'aient une portée financière qui dépasse de beaucoup les limites des premières évaluations », il aboutit à cette conclusion stupéfiante : « Votre commission du budget vous propose de les accueillir toutes. »

C'est un flot de dépenses, c'est effrayant, nous n'en pouvons pas mesurer la portée ! Nous vous demandons d'accepter tout cela.

Si c'est là ce qu'on appelle le système, je trouve que c'est un mauvais système.

Je viens au budget de l'instruction publique parce que, dans des proportions plus modestes que le budget de la guerre, vous y retrouvez cette façon de procéder et vous la prenez sur le vif.

Le système que j'attaque consiste à dire : Posons en principe que toutes les dépenses engagées par ce qu'on appelle le parti républicain depuis quinze ans sont des dépenses intangibles et, ce principe posé, mettons-nous à faire des économies, ou du moins à en chercher.

Il est bien évident que de cette façon on n'en trouve pas ou qu'on n'en trouve guère. Je crois cependant qu'en renonçant au moins à ce qu'il y a d'excessif dans l'application du fameux système, on en trouverait, et en particulier, dans le budget de l'instruction publique.

Je veux borner mes observations à la critique de quelques-unes des dépenses engagées dans le passé et de celles qu'on propose pour l'avenir. Nous avons reçu, il y a quelque temps, un document du plus haut intérêt ; c'est le volumineux rapport préparé dans les bureaux du ministère de l'instruction publique et présenté par M. Poincaré à M. le Président de la République sous ce titre : « Relevé général des constructions scolaires. » On nous a donné là des tableaux extrêmement bien faits et fort complets.

En ce qui concerne les constructions d'écoles nouvelles, mon attention a été appelée sur la moyenne des dépenses que ces constructions ont occasionnées par département.

Je me permettrai d'abord d'exprimer un regret ; il porte sur le mode adopté dans l'établissement de ces moyennes. On n'a pas distingué entre les écoles urbaines et les écoles rurales, et on a fait la moyenne du département tout entier. Il résulte de là une très grande difficulté de faire des comparaisons qui seraient cependant très instructives. On est frappé au premier abord d'anomalies vraiment étranges. Voici deux départements limitrophes, comme le Nord et le Pas-de-Calais : dans le Nord, la moyenne des dépenses pour constructions nouvelles s'élève à 52,314 francs par école, et dans le Pas-de-Calais elle n'arrive qu'à 21,981 francs, c'est-à-dire à beaucoup moins de moitié.

Il n'est pas probable que le prix de revient des bâtiments présente d'aussi grandes différences entre ces deux départements limitrophes; je crois que l'écart peut s'expliquer en partie par ce fait que, dans le Nord, il y a beaucoup de grandes villes et de villes industrielles dans lesquelles les terrains sont chers, ainsi que la main-d'œuvre, tandis que le grand et riche département du Pas-de-Calais est surtout agricole ; les villes, les villes industrielles surtout, n'y sont pas aussi considérables ni aussi nombreuses que dans le Nord.

Dans le département du Nord, par conséquent, la majoration du prix des écoles urbaines enfle la moyenne.

Malgré cette concession que je fais, car je veux avant tout être équitable dans mes observations, je persiste à dire qu'il y a des anomalies très étranges dans ces différences de moyenne. Je prends, par exemple, deux autres départements limitrophes que je connais bien, qui sont l'un et l'autre agricoles, dans lesquels il n'y a pas de grande ville et pas beaucoup d'industrie, au moins d'industrie urbaine ; ce sont les départements de l'Eure et d'Eure-et-Loir. On peut dire que ce sont deux départements semblables, quant à la nature de la population.

Or, dans l'Eure, la moyenne des constructions scolaires ne s'élève qu'à 31.208 francs; dans Eure-et-Loir à 37.300 francs. Il y a donc une différence de 6.000 francs dans les moyennes entre ces deux départements pourtant si semblables.

J'en dirai autant du Finistère et des Côtes-du-Nord. La moyenne du Finistère est de 30.252 francs; celle des Côtes-du-Nord est de 25.386 francs. Je trouve qu'une différence de 5.000 francs ou 6.000 francs entre deux départements voisins et semblables est une différence exagérée, et j'en tire immédiatement cette conclusion, que les dépenses n'ont pas dû être contrôlées ni mesurées partout avec le même soin.

Enfin, dans l'ensemble, et quoi qu'il en soit du mode adopté pour l'établissement des moyennes, je me permets de dire qu'une moyenne générale pour toute la France de 30.852 francs par école est visiblement supérieure aux besoins.

Dans son rapport, M. Poincaré avait été au-devant des objections que je présente, et il s'était exprimé ainsi dans le chapitre intitulé « l'Emploi des crédits »

Il avait dit, en parlant du grand effort entrepris à dater de 1878 pour renouveler les constructions scolaires en France :

« Comment allait s'exercer cette liberté sans précédent offerte, pour ne pas dire imposée tout ensemble aux communes, aux conseils généraux, au ministère? Quel usage en feraient soit les autorités locales, soit le pouvoir central? Rien ne permettait de le présager. On pouvait tout craindre de cette mise au pillage des caisses de l'État. Il était permis de supposer que, soit par l'entraînement généreux de l'opinion publique, impatiente de voir les écoles se multiplier, soit par le calcul intéressé des municipalités, heureuses de saisir une si rare bonne fortune, on verrait, d'un bout de la France à l'autre, se commettre « des prodigalités insensées ». Beaucoup de personnes, ayant jugé la chose vraisemblable, ne mettent point en doute qu'elle ne soit arrivée et en parlent comme d'un fait avéré. »

M. Poincaré se plaint donc ici de l'esprit de parti qui, d'avance et comme de confiance, taxait de gaspillage et de prodigalités insensées les dépenses engagées depuis 1888 pour les constructions scolaires.

Je crois avoir commencé d'établir qu'il y a pourtant quelque chose de fondé dans ce reproche, audevant duquel l'ancien ministre de l'instruction publique allait si fièremeut.

Je n'admets pas, pour ma part, que les nécessités véritables de l'enseignement primaire imposent une moyenne de dépenses de près de 31.000 francs par école dans tout l'ensemble du territoire français ; et si l'on a atteint cette moyenne, je le répète, c'est d'abord parce que les dépenses n'ont pas été suffisamment contrôlées, c'est encore et surtout parce qu'on a eu l'ambition non seulement de faire face à des besoins réels et d'assurer l'hygiène des constructions scolaires, mais aussi de faire grand et beau, en élevant l'école au-dessus de tous les édifices de la commune et en s'inspirant à l'égard de ce temple de l'alphabet de je ne sais quel respect religieux destiné à remplacer dans les âmes une religion dont on ne voulait pas.

Quel est celui d'entre nous qui, en parcourant nos campagnes, n'a été frappé maintes fois de ce qu'il y avait d'excessif et de véritablement somptueux dans ces constructions élevées au milieu des plus humbles villages? Je pourrais emprunter à ma propre expérience un exemple de la façon véritablement prodigue dont a été conduite cette campagne de reconstitution des écoles.

Dans une commune du département d'Eure-et-Loir, où j'habite, il y avait une école de garçons, une école libre de filles et, comme partout, un presbytère qui était communal. Il y a une quinzaine d'années, le préfet d'Eure-et-Loir invitait le conseil municipal de cette commune, qui est la mienne, à délibérer sur un projet grandiose consistant à construire un presbytère nouveau, à transformer le presbytère actuel en l'adaptant aux besoins de l'école de garçons, à construire une mairie nouvelle et à établir l'école des filles dans la mairie actuelle. L'ensemble de ces opérations se traduisait par une dépense de 50.000 francs. Le conseil municipal de la commune dont je parle, qui est républicain, mais qui est composé d'hommes raisonnables, se réunit, et, à l'unanimité, prit une délibération repoussant l'ensemble de ces mesures parfaitement inutiles, déclarant que la mairie, de même que les écoles, étaient bien installées, que le curé ne se plaignait pas de son logement, que tout fonctionnait au gré des habitants, qu'il n'y avait pas un seul enfant privé d'instruction dans la commune.

Le préfet insista et, dans une lettre pressante, que j'ai eue sous les yeux, il disait : « Mais pourquoi hésitez-vous devant cette dépense de 50.000 francs? L'État ou le département en fournira la moitié ; vous emprunterez l'autre moitié, et la caisse des écoles vous payera encore la moitié des intérêts; dépensez donc hardiment ! »

Voilà quel était le langage du préfet, sous l'inspiration du ministre, qui était alors M. Jules Ferry.

Notre commune a résisté à ces incitations réitérées jusqu'au moment où, l'argent ayant fait défaut dans la caisse des écoles et dans les caisses de l'État, on n'entendit plus parler de cet ensemble de dépenses qui paraissait si nécessaire et dont on a continué de se passer sans aucune espèce d'inconvénient.

Ayant été témoin de ce fait dans une commune que j'habite depuis mon enfance, je suis fondé à croire qu'il en a été de même dans beaucoup d'endroits et qu'on n'a pas rencontré partout des conseillers municipaux aussi bons ménagers des intérêts publics ; que, par conséquent, n'en déplaise à M. Poincaré, il y a eu, sur l'ensemble du territoire, des prodigalités véritablement insensées.

Voilà pour les constructions.

Quant au personnel de l'enseignement primaire, je n'ai pas besoin de faire remarquer, comme on l'a fait bien des fois, la progression rapide et véritablement effrayante des dépenses faites de ce chef. Dans les statistiques qu'on nous fournit, il y a aussi un fait qui mérite d'être relevé : C'est que dans beaucoup de ces écoles nouvelles, dont la création a été le résultat de la laïcisation, l'école est presque entièrement vide ; il en est qui n'ont que deux ou trois élèves, lesquels sont exclusivement les fils des petits fonctionnaires de la commune.

Hier, quand l'honorable M. Delafosse présentait ses observations générales et parlait de la loi scolaire de Belgique, l'honorable M. Rouanet l'interrompait pour lui dire avec ironie : Voilà un beau modèle à nous proposer ! Je trouve que cette ironie n'est pas elle-même suffisamment probante, et je relève dans la loi scolaire de Belgique des dispositions que je trouve parfaitement libérales et parfaitement conformes à l'intérêt public. La loi belge permet aux communes qui avaient, sous l'ancienne législation, une école publique entièrement vide et une école libre et confessionnelle entièrement remplie, d'adopter, si elles le veulent, l'école confessionnelle et de la subventionner; mais pour assurer la liberté des consciences la loi dispose que, sur la demande de vingt pères de famille de la commune, on pourra obliger cette commune à constituer ou reconstituer l'école publique non confessionnelle.

Voilà des dispositions vraiment libérales et qui, si elles venaient à être adoptées chez nous, entraîneraient des économies très considérables.

Puisque j'ai rappelé une interruption de l'honorable M. Rouanet s'adressant à M. Delafosse, je prendrai la liberté d'en relever une autre.

Quand M. Delafosse a cité les chiffres empruntés à la statistique anglaise, M. Rouanet a cru opportun de se livrer à une insinuation contre la religion catholique en disant : « Si les moyennes de criminalité et les moyennes d'illettrés sont plus faibles dans le Royaume-Uni, cela tient à la prédominance de l'élément anglais et protestant. Mais si vous considériez à part les moyennes de l'Irlande, vous y trouveriez plus de crimes et d'ignorance, parce que c'est un pays catholique! »

C'est contre ce « parce que » que je me permets de m'élever avec toute l'indignation de ma foi.

Oui, messieurs, il est vrai que les moyennes sont plus défavorables en Irlande; mais pourquoi? Est-ce parce que l'Irlande est un pays catholique? Non!

c'est parce que l'Irlande est un pays pauvre et malheureux.

La misère développe l'alcoolisme, et l'alcoolisme est le père du crime comme de l'ignorance. Mais si vous voulez faire la part du catholicisme, ce n'est pas dans la progression du crime et de l'ignorance que vous la trouverez, mais bien dans le développement de ces sociétés de tempérance qui, seules, ont lutté avec efficacité contre l'alcoolisme et qui ont pour auxiliaires des prêtres et des religieux.

J'ai fini, Messieurs, les observations que je voulais présenter sur l'enseignement primaire.

De l'enseignement secondaire je ne dirai qu'un mot. Je n'ai pas l'intention de discuter aujourd'hui la question de principe, à savoir si l'État fait bien d'avoir des collèges à lui; j'ai là-dessus des idées qui ne sont pas les vôtres, mais je ne les expose pas en ce moment.

Admettons que ce soit une bonne chose pour l'État de se faire le distributeur de l'enseignement secondaire, même dans des internats. Eh bien! là encore on doit se poser cette question : Y avait-il des économies possibles? Les a-t-on faites? Fallait-il faire autant de lycées? Fallait-il les faire si beaux, si grands, si coûteux?

La réponse n'est pas douteuse. Vous pouviez satisfaire à tous les besoins de l'enseignement secondaire, à supposer que ce soit répondre à un besoin que de créer des établissements de l'État; vous pouviez, dis-je, y satisfaire et contenter à la fois les exigences de l'hygiène et celles de la pédagogie sans créer ces établissements superbes qui ont fait la fortune des entrepreneurs et des spéculateurs en contribuant à obérer l'État.

Je serai beaucoup plus sobre de critiques à l'égard de l'enseignement supérieur; car, si l'on a beaucoup dépensé depuis vingt ans pour les facultés en France, c'est que véritablement de ce côté tout était à faire ou à peu près. Il ne me reste à cet égard qu'à souhaiter, avec M. Delafosse, de voir arriver le jour où les facultés, groupées en universités, recevront une pleine autonomie, où le budget de l'État s'en désintéressera progressivement après leur avoir conféré, comme il a commencé de le faire, la personnalité civile, et je suis persuadé que ces universités régionales, animées d'un esprit propre et d'un grand amour pour la science, trouveront dans les dons, legs, fondations, droits d'inscriptions, droits d'examen et autres perceptions toutes les ressources nécessaires pour se maintenir à la hauteur de leur honorable mission.

L'État restera seulement chargé des établissements scientifiques d'intérêt général comme le Collège de France, le Muséum d'histoire naturelle, les observatoires, les bibliothèques, et enfin de ce service si intéressant des fouilles archéologiques dans les pays étrangers. Donc, encore de ce côté-là, Messieurs, sans vouloir rien diminuer de l'importance de ce grand enseignement supérieur, qui est peut-être le plus intéressant de tous, parce que c'est de là que rayonne la pensée contemporaine, je crois qu'il y aurait, au moins dans l'avenir, d'importantes économies à faire, qui ne coûteraient rien à la dignité et au renom scientifique de notre pays.

Toutes ces économies sont possibles. Elles l'ont été dans le passé, elles le sont encore dans le présent. Eh bien! non seulement vous ne les faites pas, vous ne les proposez pas, mais vous tolérez à peine qu'on en parle, et c'est avec un dédain ironique que vous les entendez réclamer. Je trouve un exemple frappant de cette disposition étrange qui consiste à dire : « Ces économies sont raisonnables, elles sont nécessaires, mais nous ne les ferons jamais », à la page 69 du rapport de l'honorable M. Delpeuch. Il s'agit, dans le passage auquel je fais allusion, de l'avance remboursable au collège Sainte-Barbe, qui est de 150.000 francs encore pour cette année.

Vous vous rappelez tous l'origine de cette dépense. Il y a quelques années, deux établissements libres d'enseignement secondaire, l'école Monge et le collège Sainte-Barbe, étaient à la veille de périr à cause de leur mauvaise situation financière. Le Gouvernement est venu nous demander de les subventionner dans de très larges proportions, en disposant que, si ce secours considérable ne suffisait pas à rétablir leurs affaires, l'État alors pourrait devenir acquéreur de ces établissements pour en faire des lycées, — ce qui serait une opération avantageuse, parce que cela coûterait moins cher que de construire des lycées nouveaux qui pourraient devenir bientôt nécessaires —, et que d'ailleurs la somme des avances faites annuellement serait imputée sur le prix de vente et déduite de la somme à payer. Qu'est-il arrivé? Les prévisions fâcheuses que le rapport émettait se sont réalisées, dès l'année dernière, pour l'école Monge. On est venu nous dire : L'État va racheter l'école Monge, parce qu'un lycée est utile dans cet endroit; seulement, par dérogation aux stipulations faites et que le Parlement avait consacrées, l'avance des 3 ou 400.000 francs déjà versée à l'école Monge ne sera pas imputée sur le prix d'acquisition ni déduite de la somme à payer.

Qu'est-ce que cela voulait dire? Que les actionnaires de cette école ne voulaient pas perdre un sou dans une affaire financière qui a mal réussi; et que, s'il y avait une perte à subir, c'était l'État qui devait la supporter. Quant à l'école Sainte-Barbe, elle a continué de vivre ou de végéter, et voici en quels termes s'exprime M. le rapporteur à l'égard de cette subvention :

« Avances remboursables au collège Sainte-Barbe, 150.000 francs. C'est la dernière annuité à inscrire au budget au profit de cet établissement. L'appui que l'État lui a prêté pendant quelques années n'a pas eu tout l'effet qu'on s'en promettait pour le collège Sainte-Barbe. S'il fallait procéder à la liquidation de la Société qui dirige cette maison, dont le renom survit à la prospérité, il ne faudrait pas compter sur le remboursement intégral de l'avance de 750.000 francs faite en cinq annuités budgétaires. L'intérêt de l'État à devenir acquéreur n'apparaît point : les lycées, dont le voisinage et le succès ont amené le déclin de Sainte-Barbe, n'ont pas besoin de cette annexe. Faut-il laisser tomber et disparaître cette institution accablée sous le poids de sa dette envers le Crédit Foncier?... »

Voilà qui est clair! Vous croyez qu'on va répondre : Oui? Pas du tout! On répond qu'on ne veut pas préjuger la question.

Eh bien! je dis, moi, qu'il vous appartenait de la préjuger et de dire : Non, ce n'est pas à l'État d'aller combler les déficits qui se produisent dans les finances d'entreprises honorables et estimables, sans doute, mais qui ne méritent à aucun égard ce privilège de voir leurs pertes garanties par les ressources empruntées à la fortune de tout le monde.

J'ai donc le droit de dire que, dans le passé, quoi qu'on en dise, on a toujours été prodigue : que dans le présent on pourrait encore faire beaucoup d'économies; mais c'est le système qui ne veut pas qu'on en fasse. On appelle cela le système républicain, je trouve que le mot est dur pour la République ; mais un jour viendra, et il est proche, où cela s'appellera le système de la banqueroute.

Le réquisitoire qui précède, n'était pas fait pour plaire à la gauche de la Chambre et au Gouvernement lui-même.

M. Combes, ministre de l'instruction publique, répondit à Mgr d'Hulst pour défendre les lois scolaires, qui, disait-il, « correspondent si bien à l'essence même de l'opinion républicaine, qu'elles ont été regardées comme le véritable *critérium* des opinions et des idées, même en matière politique. »

Le discours du ministre appelait une réplique de Mgr d'Hulst. Celui-ci la fit très courte, mais interrrompue à chaque instant. Nous ne pouvons pas mieux faire ici que de reproduire textuellement, d'après le *Journal Officiel,* la réplique du prélat et l'intervention de M. Jaurès, qui marquèrent la clôture de la discussion générale.

Cette page du *Journal Officiel* donnera une idée de l'impression produite par les critiques du député du Finistère.

M. LE PRÉSIDENT. — La parole est à M. d'Hulst.

M. D'HULST. — Je ne veux répondre qu'un mot à l'honorable ministre de l'instruction publique.

Il vient de nous dire, en terminant son discours, très modéré et même bienveillant, je le reconnais, que le lien qui rattache à l'État les groupes de facultés destinés à devenir les universités, est surtout nécessaire à conserver, afin de maintenir du même coup l'unité de la morale et du droit.

Je demande à M. le ministre de l'instruction publique s'il a la prétention, par l'enseignement distribué soit dans les lycées, soit dans les facultés, de disposer ainsi des opinions et des principes de tous les citoyens. (*Interruptions à l'extrême gauche et à gauche.*)

Je remarquais tout à l'heure, avec un certain intérêt de curiosité, que ses paroles étaient précisément applaudies par nos collègues du parti socialiste.

A gauche. — Par tout le monde !

M. Brand. — Tous les partisans du progrès ont applaudi !

M. d'Hulst. — Je rectifie immédiatement mes impressions et je dis que ces paroles ont été applaudies par tous mes collègues qui siègent de ce côté. (*L'orateur désigne l'extrême gauche de la salle.*)

A gauche. — Non ! par tous les républicains.

M. d'Hulst. — C'est un tout petit raisonnement que je veux faire, laissez-moi le terminer.

Eh bien, soit ! par tous les républicains. (*Très bien ! très bien ! à gauche.*)

M. d'Hulst. — Vous prétendez savoir d'avance ce que je veux dire alors que vous n'en savez rien du tout !

Je demande comment il se fait qu'un enseignement destiné à établir l'unité de la morale et du droit... (*Interruptions à l'extrême gauche.*)

Un membre à gauche. — L'unité de cœur et de patrie !

M. d'Hulst — peut plaire en même temps à des hommes qui ont sur la morale et sur le droit les idées les plus disparates et les plus contradictoires. (*Nouvelles interruptions à l'extrême gauche. — Applaudissements à droite.*)

M. JAURÈS. — Je demande la parole.

M. LE PRÉSIDENT. — La parole est à M. Jaurès.

M. JAURÈS. — Puisque M. d'Hulst vient de s'adresser à nous, essayant bien en vain, dans cette question de l'enseignement, de nous séparer de l'ensemble du parti républicain, je n'ai qu'un mot à lui répondre.

Oui, des hommes professant les doctrines les plus diverses sur la morale, sur le droit, sur la politique, sur l'économie sociale, peuvent être d'accord pour maintenir le lien nécessaire des universités et de l'Etat, parce qu'ils veulent, en maintenant ce lien nécessaire, empêcher de s'établir un autre lien que vous voudriez nouer. (*Vifs applaudissements à l'extrême gauche et à gauche.*)

Ce que nous voulons, ce n'est pas inspirer aux maîtres et aux générations qu'ils élèvent telle doctrine particulière ; mais au milieu de toutes les doctrines que l'Université leur soumet, qui se disputent l'esprit des générations nouvelles, il y a dans l'enseignement national, et par lui, quelque chose de commun, c'est qu'elles font toutes appel exclusivement à l'esprit de liberté et de raison. (*Applaudissements sur les mêmes bancs.*)

M. LE COMTE DE LANJUINAIS. — C'est pour cela que vous ne voulez pas de liberté.

M. JAURÈS. — C'est parce que nous voulons, quelles que soient les doctrines spéciales, qu'il soit bien entendu qu'aucun dogme, qu'aucune formule imposée au préalable ne limitera la liberté infinie de la recherche ; c'est pour cela que, malgré la diversité des affirmations particulières, nous sommes d'accord avec tous les hommes de raison et de liberté (*Dénégations à droite*) pour maintenir le lien entre l'Université et la nation. Et j'ajoute que nous y répugnons d'autant moins qu'ayant dans nos doctrines propres sur la morale, sur le droit, sur l'évolution de la société une absolue confiance, nous attendons leur triomphe et du développement de la raison et du développement de la liberté. (*Nouveaux applaudissements sur les mêmes bancs.*)

M. D'HULST. — Et nous, nous attendons le triomphe des nôtres du développement, du triomphe de la liberté. (*Exclamations à gauche. — Très bien ! très bien ! à droite.*)

LES CONGRÉGATIONS

ET

LE DROIT D'ACCROISSEMENT

TROISIÈME DISCOURS

Ainsi qu'on l'a vu déjà, le député des catholiques bretons avait pris à cœur la défense des congrégations religieuses, iniquement atteintes par des lois fiscales arbitraires.

A propos de la discussion d'un amendement relatif à l'article 31 de la loi des finances, pour le budget de l'exercice 1896, Mgr d'Hulst n'hésitait pas à faire entendre à la Chambre de nouvelles protestations [1].

Messieurs, rassurez-vous : je n'apporte pas d'amendement. Ce n'est pas qu'il n'y eût lieu d'en présenter ; et même un amendement ne suffirait pas pour répondre à la pensée d'un grand nombre de mes amis et à la mienne ; c'est tout un contre-projet qu'il faudrait proposer. C'est, en effet, à l'article 31 de la loi des finances que nous retrouvons, parmi

---

1. Séance du 13 décembre 1895.

les perceptions diverses que cette loi autorise, la taxe d'abonnement représentative du droit d'accroissement imposé aux congrégations et l'impôt de 4 p. 100 sur un revenu, fictif et obligatoire, de 5 p. 100 au moins de la valeur brute de leurs biens meubles et immeubles.

Certainement, si la discussion du budget se poursuivait dans des conditions plus normales et moins hâtives ; si le droit de contrôle, si vivement réclamé et si bruyamment exercé à d'autres époques par certains groupes de députés, n'était pas considéré cette année par ces mêmes groupes comme une sorte d'obstruction fâcheuse, pour ne pas dire séditieuse, j'aurais présenté en temps utile, et je serais à cette tribune pour défendre aujourd'hui un contre-projet tendant à régler d'une façon plus équitable et plus conforme au droit commun la législation fiscale des congrégations.

Véritablement, tout à l'heure, en voyant avec quelle facilité M. le ministre des finances a accepté la très juste réclamation de notre honorable collègue M. Rabier, j'étais presque tenté de regretter l'extrême discrétion dont nous avons usé en cette matière.

Que vous a dit, en effet, avec infiniment de raison, l'honorable M. Rabier ? Qu'en invoquant la loi du 29 juin 1872 pour frapper d'un impôt les prêts commerciaux sur warrants, on avait détourné de son vrai sens cette loi de 1872. Il me serait bien facile de montrer qu'on ne l'a pas moins évidemment détournée de son objet quand on a étendu l'impôt sur le revenu des valeurs aux congrégations religieuses qui ne présentent en aucune façon le caractère de sociétés se livrant à des opérations de nature à produire des bénéfices.

Soyez tranquilles, Messieurs ! je n'ai pas d'illusions à cet égard, et si j'en avais eu, la manière dont a été conduite la discussion du budget les aurait bien vite dissipées.

Non, je ne prétends pas obtenir justice aujourd'hui ; je n'oserais même pas espérer de faire écouter patiemment de justes revendications. Je viens seulement réserver le droit pour l'avenir et ajouter que, dans le présent, tout le monde en France respecte la loi, mais que tout le monde a droit à l'égalité devant la loi et que tout impôt qui présente un caractère d'exception, qui frappe une catégorie de citoyens à raison du genre de vie qu'ils ont librement adopté, constitue un abus de pouvoir qu'on peut subir avec plus ou moins de patience, mais audevant duquel personne n'est obligé d'aller.

Ceci dit, — et il fallait le dire pour détruire la légende d'une révolte qui n'existe pas, — j'ajourne à la discussion du budget de 1897 les propositions que nous sommes résolus à présenter, pour réformer dans un sens plus conforme à l'équité et au droit commun l'ensemble de la législation fiscale par laquelle vous avez voulu atteindre les congrégations.

Peut-être d'ici là, ce ministère fortuné dont tous les partis dans cette Chambre se sont entendus à protéger les débuts aura-t-il pris assez de consistance pour pouvoir se passer des soins maternels dont la Chambre l'entoure avec tant de sollicitude et pour supporter le choc de discussions sérieuses.

Peut-être aussi, à cette époque, une loi générale sur la liberté d'association aura-t-elle substitué un régime de droit commun à toutes ces dispositions exceptionnelles, à toutes ces particularités fiscales par lesquelles vous avez voulu jusqu'ici atteindre de diverses manières les congrégations religieuses.

Fasse le ciel que cette grande question de l'association, la plus haute certainement qui puisse défrayer le travail législatif, soit abordée et résolue alors dans cet esprit de large équité que le pays tout entier a le droit d'attendre de ceux qui légifèrent en son nom.

S'il en est ainsi, si cet espoir que j'exprime n'est pas trompé, si la République jalouse, comme on le disait hier, de s'identifier véritablement avec la France, substitue à un régime de défiance et d'exception contre quelques-uns un régime de justice et de paix pour tous, nous ne regretterons pas d'avoir différé des revendications que ce délai même aura rendues inutiles.

S'il en est autrement, nous reviendrons avec notre prétention, importune peut-être mais irréductible, d'obtenir du Parlement et, à son défaut, du pays qui est son juge, un même traitement en France pour tous les Français.

En quelques mots, M. Paul Doumer, ministre des finances, répondit à Mgr d'Hulst que le Gouvernement était résolu à n'apporter et à n'accepter aucune modification à la loi qui atteint les congrégations.

Le motif de cette détermination, disait-il, était motivé par l'attitude elle-même des congrégations, en véritable état de rébellion contre les lois fiscales du pays.

Cette courte réponse provoqua une nouvelle et brève intervention de Mgr d'Hulst :

J'avais répondu d'avance à M. le ministre, car j'étais bien certain qu'il allait nous parler de révolte et pour lui répondre après qu'il a parlé, je n'ai qu'à répéter ce que j'ai dit avant qu'il eût parlé.

Le fisc n'a pas coutume de procéder par persuasion : il a à son service la contrainte; qu'il en use s'il croit en avoir le droit.

Mais quand un contribuable se sent impuissant à supporter une charge fiscale, ou quand il trouve que cette charge lui est imposée en dehors du droit commun et contrairement à la justice, il n'est pas obligé d'aller au-devant de l'exécution qui le menace, il a bien le droit d'attendre à ses risques et périls les effets de son abstention.

LA
CONSTITUTION DES UNIVERSITÉS

La Chambre adoptait, le 5 mars 1896, une loi relative à la constitution des universités, dont toute l'économie se résumait à peu près dans l'article premier, ainsi conçu : « Les corps de facultés institués par la loi du 28 avril 1893 prennent le nom d'universités. »

Avant de passer au vote de cette loi, la Chambre entière, rapportent les comptes rendus des journaux, écouta — il faut le dire à son honneur — et suivit avec une extrême attention le discours de Mgr d'Hulst.

MM. Combes, ministre de l'instruction publique, et Poincaré, rapporteur du projet de loi, s'attachèrent à répondre aux critiques et aux réserves formulées par l'éloquent recteur de l'Institut Catholique.

« J'ai écouté avec la plus grande attention et avec le plus vif intérêt, disait M. Poincaré, les observations qui ont été apportées à cette tribune par l'honorable M. d'Hulst, et je tiens à le remercier tout de suite de l'esprit dans lequel il les a présentées.

« Je crois que l'accord se fera vite et facilement, et je me bornerai à répondre aux critiques faites par M. d'Hulst, et à expliquer, si je le puis, les raisons qui nous ont déterminé à ne pas combler les lacunes qu'il a signalées. »

De son côté, M. le ministre de l'instruction publique, promettait à Mgr d'Hulst de lui donner satisfaction, quand viendraient d'autres projets où, à son sens, le progrès réclamé par lui, à propos des rapports entre les différents ordres d'enseignement, serait mieux à sa place.

C'était, on le voit, un véritable succès pour le député de Brest; succès bien justifié d'ailleurs par cet important discours :

Messieurs, je suis presque tenté de m'excuser de prendre la parole sur le projet qui vous est présenté. C'est qu'en effet j'ai déjà eu l'occasion, au cours de la discussion du budget de l'instruction publique, d'exprimer la sympathie qu'il m'inspire; et un très grand journal[1] qui conserve, à travers toutes les vicissitudes ministérielles, le secret d'être toujours de l'avis du Gouvernement, m'a adressé le reproche d'avoir sournoisement cherché à nuire au projet de loi en manifestant mon adhésion. Il me semble cependant que je puis, en conscience, mépriser ce reproche, car ce serait manquer de respect à la majorité de cette Chambre que de lui supposer assez peu de constance dans ses opinions et d'indépendance, pour être prête à changer de sentiment parce qu'elle se trouve, par hasard, d'accord, sur une question purement technique, avec un adversaire politique.

D'ailleurs, je n'ai pas la prétention que mon opinion ait assez d'importance pour produire d'aussi dangereux effets. Je demande donc au Gouvernement et à la majorité — une fois n'est pas coutume — la permission d'être de leur avis.

Je dirai simplement, en deux mots, ce qui me plaît dans ce projet et aussi les lacunes bien nombreuses que j'y relève et que je regrette.

1, Le *Temps*.

Ce qui me plaît dans le projet, c'est plutôt la tendance qu'il accuse que son dispositif : car la tendance est bonne et le dispositif est voisin du néant.

La tendance est bonne, parce que c'est un essai de saine et utile décentralisation.

L'Université de Napoléon était une grande machine gouvernementale, et rien ne se prête moins au gouvernement que l'intelligence.

Je veux dire que l'intelligence est la chose la moins facile à gouverner. Elle ne reconnaît qu'une seule autorité : la Vérité.

Dans l'Université, telle que Napoléon l'avait comprise, on avait certes le souci d'accumuler au centre de l'administration des écoles le plus grand nombre possible de compétences; mais par le fait même que ces compétences étaient surtout investies d'un pouvoir administratif, elles étaient immédiatement pénétrées de l'esprit administratif et tendaient à sacrifier les grandes choses aux petites, le progrès à la routine, et le besoin des écoles aux traditions et aux fantaisies des bureaux.

Certes, M. Cousin était un grand esprit; mais quand il était ministre il était surtout un grand despote et il régentait d'une façon presque tyrannique l'esprit des autres.

Je sais fort bien que depuis lors beaucoup de choses ont changé sous la pression de l'opinion. On a commencé à rougir de l'infériorité nationale où nous plongeait l'état déplorable de notre enseignement supérieur, et d'importantes mesures ont été prises pour mettre le matériel scientifique à la hauteur des besoins nouveaux et pour doter l'enseignement supérieur de ressources sans lesquelles il serait demeuré absolument au-dessous de sa tâche.

Malheureusement, il a manqué à ces réformes ce que précisément votre projet promet de leur donner dans une mesure encore insuffisante, sans doute, mais qui pourra se développer à l'avenir : je veux dire que les réformes de l'enseignement ont été presque exclusivement, jusqu'ici, des réformes administratives. Je ne veux pas dire que le ministère de l'instruction publique ne s'entourait pas des conseils des hommes compétents, mais, enfin, il n'y avait d'autre grand corps déliberant, chargé d'éclairer et de préparer les décisions du Gouvernement et du Parlement en ces matières, que le Conseil de l'instruction publique.

Or, le Conseil supérieur de l'instruction publique, surtout depuis que sa composition a été aussi profondément modifiée qu'elle l'a été par M. Jules Ferry depuis 1880 et par les lois que vous avez votées sous son inspiration. Le Conseil supérieur, dis-je, réunit dans son sein un très grand nombre de compétences, mais chacune, pour ainsi dire, à dose infinitésimale. Il renferme des représentants de l'enseignement primaire, des représentants des lycées, des représentants des facultés; mais ces divers éléments se trouvent divisés pour ainsi dire à l'infini ; et quand il s'agit d'introduire une réforme dans une branche de l'enseignement, et particulièrement de l'enseignement supérieur, la grande majorité, la presque totalité du Conseil supérieur de l'instruction publique, moins deux ou trois de ses membres, demeure complètement étrangère à la réforme, parce que c'est chose qu'elle connaît mal et qui ne l'intéresse pas. Il en résulte qu'alors c'est encore et toujours le ministère de l'instruction publique qui, moyennant une entente facile avec les deux ou trois personnes dont il s'agit, dispose en souverain maître de ce qu'on appelle les réformes de l'enseignement et de ce qui, selon moi, constitue quelquefois non point une amélioration, mais au contraire une aggravation de la situation présente.

Cependant, comme il y a eu beaucoup de bonne volonté et d'intelligence dépensées dans ces efforts, on peut dire que si l'œuvre des réformes, en ce qui concerne l'enseignement supérieur, a été mélangée de bien et de mal, le bien toutefois l'emporte sur le mal.

Il n'en est pas de même de l'enseignement secondaire, et, si c'était le lieu d'en parler, il ne me serait pas difficile de montrer que, depuis 1880, les bouleversements continuels auxquels ont été soumis les programmes et les méthodes n'ont abouti qu'à une manifeste et visible décadence des études classiques.

Cependant, messieurs, on est entré enfin dans une voie nouvelle. Le ministère de l'instruction publique — et cette initiative l'honore — paraît désireux de s'associer désormais franchement les corps les plus compétents pour préparer et diriger avec eux les réformes de l'enseignement supérieur.

Il y a là ce que je me permettrai d'appeler un esprit nouveau. Et je crois qu'à cause de l'application que je fais de ce mot, vous serez d'accord avec moi pour le trouver bon.

Toutefois, si le projet est louable, il est, comme je le disais, manifestement insuffisant, et ce sont ces insuffisances que je voudrais très rapidement relever. Non pas que j'aie l'espoir de vous voir combler aujourd'hui toutes les lacunes que j'ai à vous signaler, mais il me semble que si l'expression de la pensée que je propose trouvait quelque faveur dont le Parlement, il y aurait là pour l'avenir une indication utile et un encouragement aux ministres futurs de poursuivre avec suite le développement de l'œuvre dont on ne nous présente encore aujourd'hui qu'un simple embryon.

Tout d'abord, — c'est la grande insuffisance du projet, — on a reculé devant la réforme véritablement féconde qu'avait préparée M. Léon Bourgeois dans le projet présenté au Sénat. M. Poincaré, l'honorable rapporteur du projet, — qui avait toutes les lumières nécessaires pour éclairer son travail, puisqu'il venait, quelques semaines auparavant, de résigner le portefeuille de l'Instruction Publique qu'il avait tenu déjà deux fois avec une très grande distinction, — M. Poincaré nous a initié aux raisons qui expliquent ce recul du projet actuel sur le projet de M. Bourgeois : ce sont les intérêts locaux qui ont obligé le Gouvernement, sous peine de ne rien faire, à faire quelque chose qui ressemble presque à rien.

M. Bourgeois, vous le savez, avait voulu que les universités qu'il s'agissait de créer, justifiassent leur nom ; qu'elles fussent, par conséquent, des établissements où l'on enseignerait la totalité, l'universalité des sciences. Il fallait donc grouper ensemble toutes les facultés pour qu'un établissement pût recevoir le titre d'université.

Mais comme il était absolument impossible de transformer tous les groupes de facultés existant dans les ressorts académiques en autant d'universités vraiment dignes d'une telle appellation, on arrivait forcément à supprimer un certain nombre de groupes de facultés. Et alors les villes se plaignaient. Je ne dis pas qu'elles se plaignaient sans motif, puisque précisément, dans les années immédiatement précédentes, le Ministère et le Parlement avaient pressé ces municipalités d'engager des dépenses très considérables pour la construction de bâtiments académiques et pour l'amélioration du matériel scientifique ; mais j'estime qu'en matière d'enseignement, aussi bien qu'en matière de stratégie, il faut savoir faire à temps les sacrifices nécessaires, et ce n'est pas parce qu'on a commis une première faute, en occupant une bicoque inutile et mal située, en y plaçant des garnisons qui coûtent cher et qui affaiblissent le gros de l'armée, ce n'est pas parce qu'on a fait cette première faute qu'il faut en faire une seconde consistant à persévérer dans cette occupation inutile, au risque de compromettre le salut de l'armée, ou tout au moins la bonne direction de ses opérations militaires.

De même, si l'on avait commis une première faute en multipliant par trop les groupes de facultés, c'était en commettre une seconde que de ne pas vouloir revenir en arrière, en concentrant sur des centres moins nombreux et bien choisis toutes les ressources de l'enseignement supérieur qu'on voulait développer.

Mais l'intérêt électoral était là. On ne voulait pas s'aliéner le concours ni les suffrages de ceux qui représentaient les départements et les villes intéressées.

Voilà pourquoi le projet de M. Léon Bourgeois a échoué devant le Sénat. M. le rapporteur nous explique fort bien qu'il désespérait, étant ministre, que son successeur désespère aujourd'hui de vaincre la résistance qu'on avait rencontrée hier et que, sous peine d'abandonner complètement l'idée même du projet, on a dû se résoudre à transformer en autant d'universités les quinze corps de facultés qui existent actuellement en France.

Il me semble qu'on a été un peu timide, et qu'entre le projet de M. Léon Bourgeois, qui soulevait tant de résistances intéressées, et le projet d'aujourd'hui qui se fait véritablement par trop humble, il y avait peut être un moyen terme possible.

Ainsi, dans les tableaux qui nous sont présentés comme annexes au rapport de M. Poincaré, voici ce que je relève : « A Besançon, deux facultés et deux écoles, avec 145 élèves seulement ; à Clermont, deux facultés et deux écoles, avec 159 élèves.

Vous avouerez bien qu'un groupe universitaire ou soi-disant tel, qui compte deux facultés et deux écoles, et qui, dans ces quatre établissements, ne réunit que 145 élèves, pourrait bien attendre un peu ce privilège énorme que vous allez lui conférer en l'érigeant en université.

J'en dirai autant pour Clermont-Ferrand. Je crois, par exemple, que si l'on avait exigé, pour conférer le titre d'université, un groupement de trois facultés au moins, sans compter les simples écoles, et la présence de 500 étudiants, ce n'eût pas été exagéré.

Vous me direz qu'on n'aurait eu à supprimer dans ces conditions que deux universités sur les quinze qui vont être créées. C'était toujours autant, et c'était mettre à un prix convenable le titre et le privilège d'université. On ne l'a pas fait. Je trouve qu'on a été trop timide et que véritablement, dans ces choses intellectuelles, on s'est par trop rendu esclave de l'intérêt électoral et politique.

En second lieu, je trouve une insuffisance encore regrettable dans les attributions que le projet de loi reconnait aux futures universités. Qu'est-ce qu'il leur accorde? Oh! vraiment, bien peu de chose : le titre d'université, c'est un nom; la personnalité civile? Elles la possédaient déjà comme corps de facultés; un conseil qui s'appellera conseil d'université? Il existait déjà sous le nom de Conseil général des Facultés. Jusqu'à présent, je ne vois que des mots substitués à d'autres; sans doute ils sonnent mieux, mais encore faudrait-il mériter l'honneur qu'ils confèrent. Or, quand il s'agit, par exemple, de déterminer les attributions de ce Conseil général des Facultés, que faites-vous dans votre projet? Vous réduisez ces attributions à ce que j'appellerai la petite administration, et vous laissez en dehors de son contrôle tout ce qui intéresse véritablement les études et leurs progrès.

Ainsi, que placez-vous sous la compétence du Conseil de l'Université, qui est le Conseil général des Facultés transformées?

Je lis à l'article 3 :

« Le Conseil de l'Université est substitué au Conseil académique dans le jugement des affaires contentieuses et disciplinaires relatives à l'enseignement supérieur public. »

C'est bien ! ce sont des attributions de juridiction, et je ne me plains pas que vous les ayez données au Conseil de l'Université, en les retirant au Conseil académique. Mais ne pourriez-vous pas ajouter à cette compétence contentieuse une compétence pédagogique, par exemple, les programmes?

Il n'est question, à chaque instant, que de changements de programmes. Je puis en parler en connaissance de cause, puisque je dirige un établissement d'enseignement supérieur libre, dans lequel nous sommes obligés, en vertu des lois existantes, de suivre très exactement les programmes de l'État nos étudiants devant passer leurs examens devant les examinateurs de l'État. C'est au moins une fois par an que nous devons modifier l'ordre et la disposition de notre enseignement pour nous conformer à ces perpétuels changements de programmes.

Qui les décide, ces changements ? Je ne vois pas du tout que votre Conseil de l'Université soit appelé à donner son avis.

En tout cas, c'est un avis purement consultatif. Il me semble que vous pouviez aller un peu plus loin. Vous avez donc bien peur de cet embryon d'autonomie ? Pourquoi ne pas admettre que sinon le dernier mot, au moins la part principale du travail dans la préparation des programmes appartienne au Conseil de l'Université, et non pas au Conseil supérieur de l'Instruction Publique, à cause de sa constitution dont j'essayais tout à l'heure de vous faire comprendre le fonctionnement?

Il y a dans le Conseil supérieur, je le disais, beaucoup de compétences réunies, mais à petite dose, de sorte qu'en réalité les changements les plus grands sont dictés par le Ministère, au moyen d'une entente facile avec quelques personnes, et que la grande majorité du Conseil reste sans compétence.

Je viens maintenant aux dispositions relatives à ce que j'appellerai la fiscalité universitaire, et là encore je retrouve cette étrange préoccupation de ne pas affranchir sincèrement et libéralement les établissements auxquels vous allez conférer le nom d'université.

Sans doute, vous décidez qu'elles feront entrer désormais dans leurs budgets de recettes les droits d'inscription et les autres droits relatifs aux études, les droits perçus pour les manipulations, etc. ; mais vous avez bien soin de réserver à la caisse de l'Etat les droits d'examen, et la raison qu'en donne M. le rapporteur, me paraît véritablement étrange : c'est que « les grades conférés à la suite des examens étant en France des grades d'État, il est légitime que les droits dont ils sont frappés continuent à être perçus au profit du Trésor », c'est-à-dire : les droits sont régaliens ; donc, ils doivent toujours être perçus au profit du Trésor.

Mais puisque le Trésor se trouve déchargé par la perception qui se fait aux centres universitaires d'une partie de la subvention qu'il aurait dû fournir aux universités, je ne vois pas pourquoi on ne ferait pas entrer dans la caisse de l'Université les droits d'examen aussi bien que les droits de perception. La prérogative de l'Etat ne serait pas méconnue puisque, somme toute, les universités sont investies d'une délégation de l'Etat.

Vous dites encore que les frais d'études ne sont pas des impôts ; mais les droits d'examen non plus, puisqu'ils n'atteignent que les candidats. Votre distinction n'est donc pas fondée en raison. Mais il y a là une préoccupation que j'appelle de son vrai nom en la qualifiant de régalienne, qui manifeste chez vous une certaine peur de la liberté, au moment où vous nous annoncez un projet sur l'émancipation des universités.

Il y a enfin dans votre projet une autre lacune plus étrange encore ; mais vous me direz que je soulève ici des questions qui ne figurent pas dans le projet actuel ; or, je me plains précisément qu'elles ne s'y trouvent pas.

Vous parlez d'universités, et vous voulez cependant restreindre leur compétence aux choses de l'enseignement supérieur, comme si l'enseignement secondaire n'appartenait pas essentiellement à la compétence des universités. Je ne parle pas ici de l'enseignement primaire; il ne s'adresse pas au même personnel d'élèves; il a une base beaucoup plus large, aussi large que la nation elle-même et si, là comme ailleurs — et là peut-être encore plus qu'ailleurs — la décentralisation est désirable, elle devrait se poursuivre par le développement de l'autonomie communale.

Mais comment peut-on séparer les intérêts de l'enseignement secondaire de ceux de l'enseignement supérieur? Ces deux enseignements ne s'adressent-ils pas précisément à la même catégorie d'élèves, puisqu'ils se les partagent suivant leur âge? Ne se continuent-ils pas, ne se complètent-ils pas l'un l'autre? Pourquoi donc alors ne pas grouper les lycées, par exemple, d'une région académique autour du centre universitaire que vous allez constituer? Pourquoi ne pas faire représenter les lycées par leurs délégués dans le conseil universitaire? Pourquoi, par conséquent, ne pas intéresser les professeurs de l'enseignement secondaire à cette vie universitaire que vous allez créer et ne pas les admettre à l'honneur et au profit qu'ils trouveraient dans la manifestation de leurs vœux lorsqu'il s'agit de la réforme des programmes?

Il me semble que si l'on était entré dans cette voie, on aurait évité bien des fautes dans le passé et qu'on en préviendrait bien d'autres dans l'avenir.

Pour ne citer qu'un seul exemple, nous sommes saisis déjà d'un projet de réforme ou, disons mieux, de suppression du baccalauréat. Je n'ai pas à m'expliquer aujourd'hui sur le caractère de ce projet; mais ce qui m'étonne un peu, c'est cette génération spontanée d'un projet aussi considérable. Au lendemain de la constitution du nouveau ministère, nous le voyons apparaître. L'honorable M. Combes possède sur ce sujet, j'en suis convaincu, des idées longuement mûries que je n'entends pas discuter et que je n'entends pas critiquer en ce moment. Il devient ministre; aussitôt il dépose un projet de loi qui parcourt avec une rapidité véritablement insolite les étages de la procédure parlementaire, et sur lequel, très prochainement, nous allons être appelés à nous prononcer. Nous cherchons à nous éclairer de notre mieux, c'est-à-dire assez mal, et puisque le projet émane de l'initiative du Gouvernement, il a beaucoup de chances d'être voté.

Je vous avoue que je serais beaucoup plus rassuré sur le caractère véritablement bienfaisant de ce projet, s'il avait été examiné dans les différents centres universitaires représentant non seulement l'enseignement supérieur, mais l'enseignement secondaire, puisque le baccalauréat, ou cet examen terminal appelé, paraît-il, à le remplacer, au moins en ce qui concerne les élèves de l'enseignement public, représente la ligne de confins entre les deux enseignements, en sorte qu'il intéresse également et les facultés et les lycées, puisque c'est par cet examen terminal qu'on passe des lycées aux facultés.

Je vais même plus loin : si vous aviez véritablement cet esprit libéral que je cherche et que je m'efforce de découvrir dans votre projet, vous auriez été très heureux de pouvoir faire l'essai, l'expérience d'un projet aussi considérable et dont les conséquences sont aussi incertaines, par exemple en autorisant par un décret ou par une loi une région universitaire à en faire l'application provisoire.

On aurait pu disposer, si l'on avait pris pour texte le projet de M. Combes, que pendant une période de un, deux ou trois ans, l'examen passé suivant le nouveau mode dans telle région universitaire aurait les mêmes effets que le baccalauréat ; et l'on aurait vù quel résultat donnait cette réforme, si elle constituait un progrès ou un recul.

On aurait pu, suivant la réponse de l'expérience, étendre le système à la France tout entière ou, au contraire, y renoncer ; mais en tenant systématiquement les études secondaires en dehors de la constitution des universités, vous vous privez par là de grandes ressources d'expérience et de lumière que vous pouviez trouver dans l'ordre d'idées que j'indique.

En outre, messieurs, je trouve que le projet est muet sur une réforme très importante qui consisterait à intéresser les corps universitaires au recrutement de leur personnel enseignant.

Aujourd'hui, c'est le doctorat qui introduit le professeur dans l'enseignement supérieur, et l'agrégation dans l'enseignement secondaire ; mais la plupart du temps c'est par l'agrégation qu'il faut passer pour arriver utilement au doctorat, de manière à prétendre à une chaire dans l'enseignement supérieur.

Or, le corps enseignant ne se recrute pas d'une façon régionale ; il se recrute dans toute la France. C'est le centre, c'est le ministère qui en dispose

Il me semble que pendant que vous êtes en train de faire de la décentralisation universitaire, il eût été intéressant et utile d'organiser une agrégation spéciale à chaque centre universitaire.

Les universités que vous allez constituer auraient ouvert un concours d'agrégation au moyen duquel un professeur serait devenu agrégé de l'université de Toulouse ou de Bordeaux. Il aurait eu alors, devant lui, la perspective d'un avenir professionnel qui se serait développé dans la région de son choix ; ce qui n'aurait pas empêché la possibilité, pour les universités, de se faire des emprunts les unes aux autres et, pour un professeur qui aurait quelque raison d'émigrer d'une région à l'autre, la possibilité, s'il appartenait à l'université de Bordeaux, de briguer une chaire dans celle de Lyon. Si vous aviez édicté quelques dispositions comme celles dont je vous apporte seulement des exemples, vous auriez donné à votre projet une consistance et une ampleur dont je regrette de le voir totalement dépourvu.

Si nous allons au fond des causes que j'oserai appeler les causes psychologiques de l'insuffisance du projet en discussion, nous les trouvons toutes dans un reste du vieil esprit napoléonien, qui est celui de l'Université fondée en 1808.

Napoléon aimait beaucoup à construire des casernes, et c'est aussi une caserne qu'il a construite en fondant l'Université. Seulement, comme cette caserne était habitée par des soldats très intelligents, dont le métier était de penser, on a pratiqué pendant toute la durée du siècle, un peu au hasard malheureusement, des fenêtres et des portes dans ses gros murs ; et voilà pourquoi il y est entré beaucoup de jour et beaucoup d'air. Il me semble cependant qu'aujourd'hui nous pourrions faire quelque chose de mieux et concevoir sur un nouveau plan les habitations que nous destinons au génie français.

Voyez, par exemple, quels admirables résultats donne, en dehors de cette tutelle administrative, que vous persistez à vouloir si étroite, l'initiative des hommes de pensée.

Est-ce que l'Institut Pasteur est une fondation de l'Etat ? Est-ce que ces hommes qui, dans le secret de leur laboratoire, renouvellent tous les jours la science de la nature et enfantent périodiquement des merveilles, ont reçu une délégation des bureaux de la rue de Grenelle ? Et croyez-vous qu'à défaut de cette délégation ils manquent d'autorité dans le monde et que leur parole manque d'écho en Europe ? Vous savez bien que c'est le contraire.

Je reconnais que l'État s'est toujours honoré par les témoignages d'estime et par le concours qu'il a donnés à quelques-unes de ces créations méritoires. Mais, puisque l'expérience est là pour montrer que l'initiative privée peut faire des merveilles, même et surtout dans l'ordre des choses intellectuelles, pourquoi, pendant que vous êtes en train de réformer votre enseignement supérieur qui est le plus intellectuel de tous, avez-vous toujours tellement peur de desserrer les mailles du filet administratif?

Voilà de quoi je me plains. C'est une maladie qui n'est pas seulement celle des administrateurs de l'instruction publique en France : c'est la maladie de l'esprit français lui-même et c'est là ce qui me donne le droit d'en parler ici au nom des intérêts généraux du pays.

Il y a deux mots anglais qu'on prononce souvent

et qu'on ne comprend guère en France : le *self-government* et le *self-help*, se gouverner soi-même et s'aider soi-même. Entre ces deux choses, la France contemporaine a montré une grande préférence pour la première. Elle s'est montrée beaucoup plus jalouse du *self-government* que du *self-help*, et même, en concentrant ses préférences sur le *self-government*, elle a montré qu'elle le comprenait fort mal. Elle a cru qu'un peuple se gouvernait lui-même quand il se donnait par ses lois une liberté illimitée de tout dire, de tout écrire, de tout insulter, une presse comme celle que nous a faite la loi de 1881, qui peut traîner tout le monde dans la boue, et surtout les autorités. Voilà le comble de la liberté. Et quand le peuple français s'est accordé cette licence, alors il se croit vraiment libre, et il trouve que, pour tout le reste, l'administration ne le tient jamais serré d'assez près.

Mais, à côté du Gouvernement, il y a la vie, et la vie n'est pas collective : elle est avant tout, chose individuelle. Elle devient collective par la libre association des personnes; mais, avant tout, il faut que la vie se développe dans la personne, et la vie ne se développe pas, ni dans l'ordre intellectuel ni dans l'ordre économique, sans le grand air de la liberté.

C'est parce que nous manquons de cette estime nécessaire pour le *self-help* que nous nous laissons dépasser par beaucoup de nos voisins sur le terrain industriel ou agricole ou économique et même sur le terrain de l'enseignement.

Car, si la Providence nous envoie heureusement des savants de génie pour empêcher que notre pays ne descende dans l'estime des peuples, il est trop vrai de dire que, sur le terrain pédagogique, nous ne tenons plus la tête.

Pendant ce temps, que faisons-nous? Nous autres députés, nous travaillons, nous aussi, de notre mieux à resserrer tous les jours ce que j'appelais tout à l'heure les mailles du filet administratif. Nous venons de consacrer trois jours à décider si l'on mettrait oui ou non du jus de carotte dans la margarine, si l'on pourrait ou non la vendre dans les mêmes dépôts où l'on vend le beurre.

Je me permets de considérer ces discussions comme passablement byzantines. Je crois que notre race française un peu vieille, un peu fatiguée, mais dont l'avenir, j'en ai la confiance, n'est pas fini, trouverait le moyen de se renouveler et de se régénérer dans des institutions plus libérales et où la marque de l'autonomie serait plus visible.

Je regrette donc qu'on nous mesure l'autonomie universitaire d'une main si avare ; mais enfin, puisqu'il y a là un petit commencement de décentralisation, ou au moins l'annonce d'une bonne intention dans ce sens, je voterai ce projet, quoique je trouve qu'il ne contient presque rien. Je le voterai comme on jette une semence, et je m'en rapporterai à l'avenir pour développer le germe microscopique et en tirer les réformes plus profondes dont notre pays a besoin.

L'EXPOSITION DE 1900

Peut-être n'est-il pas sans intérêt de relater que Mgr d'Hulst vota contre le projet de l'exposition de 1900.

Il n'était pas partisan de ces grandes foires, — comme on a appelé les expositions universelles, — dans lesquelles l'industrie nationale a généralement peu à gagner, et la moralité publique, au contraire, a beaucoup à perdre.

Voici comment il expliquait son vote à propos d'une motion préjudicielle de M. Chapúis, qui demandait : « 1° Qu'il n'y ait pas d'exposition en 1900; 2° que les 20 millions, part contributive de l'État, soient employés à servir de base à la constitution d'une caisse de retraite pour les invalides du travail, les vieillards et les infirmes [1]. »

Messieurs, j'ai demandé la parole simplement pour expliquer mon vote.

Je suis sympathique aux deux parties de la motion de M. Chapuis. Je me rallierai néanmoins à l'avis de ceux qui ont demandé la division.

La seconde partie, quelque intéressant qu'en soit l'objet, me paraît être un hors-d'œuvre dans la discussion présente. Nous ne discutons pas en ce moment des lois de prévoyance ou d'assistance sociales,

---

1. Séance du 16 mars 1896.

nous discutons un projet d'exposition universelle, et il ne me semble pas bon de mêler deux questions aussi disparates.

Je voterai donc seulement la première partie de la motion de M. Chapuis.

Je prendrai avec tranquillité la responsabilité dont on a tout à l'heure essayé de nous faire peur.

On avait déjà tenté dans la presse, et je me rappelle avoir lu, il y a quelques jours, un article qui se terminait ainsi :

« Nous verrons bien, au jour du vote, quels sont les députés qui oseront, dans un scrutin public, prendre la responsabilité d'une défaite française. »

Il est facile d'appeler « défaite française » une mesure qu'on n'approuve pas; je pourrais, avec le même droit, appeler cela une victoire pour la France.

Mais je n'enflerai pas jusque-là ma parole, et je n'imiterai pas M. Ernest Roche, qui nous parlait tout à l'heure de la gloire de l'exposition de 1889! Réservons ce noble mot de gloire pour des exploits plus méritoires.

J'ai écouté avec la plus grande attention les arguments des trois catégories d'orateurs que nous avons entendus : de ceux qui sont contre ce projet, comme M. Chapuis, des partisans de l'exposition maxima, de ceux enfin qui tiennent pour l'exposition réduite.

Tous ces arguments, si opposés qu'ils fussent dans l'intention de leurs auteurs, ont fait sur mon esprit la même impression ; ils m'ont convaincu que l'exposition qu'on prépare n'offre aucun intérêt, ni scientifique, ni artistique, ni industriel, mais que tout l'intérêt qu'elle peut offrir se concentre sur le côté banal et forain.

A cause de cela, je m'en désintéresse et je refuse pour ma part de prendre une responsabilité dans le gaspillage inutile d'argent qui va s'ensuivre et dans la répercussion périlleuse que les dépenses et les profits mêmes de l'année de l'exposition auront sur les années antérieures et sur les années suivantes.

On a parlé — c'est mon dernier mot — des autres nations. Eh bien! il serait intéressant de considérer l'exemple qu'elles ont donné. Je vois l'Angleterre qui a marché la première dans la voie des expositions universelles : elle en a fait une, elle y a renoncé depuis. L'Angleterre, j'imagine, n'est pas sans compétence quand il s'agit d'apprécier l'utilité industrielle et commerciale d'une entreprise!

Je vois l'Amérique qui avait, certes, de grandes raisons de vouloir attirer l'Europe chez elle, parce que l'Europe n'est pas très pressée d'y aller. Mais je ne crois pas que la France et Paris aient, en ce moment, besoin d'attirer le monde. Paris et la France attirent l'étranger, si je puis m'exprimer ainsi, comme le paratonnerre attire l'électricité, c'est-à-dire goutte à goutte, et c'est la bonne manière.

Enfin, puisqu'on a parlé d'une grande puissance de l'Est, je dirai que j'ignore s'il plaira à l'empire allemand de faire, à notre défaut, une exposition dans sa capitale. Si l'envie lui en prend, nous assisterons tranquilles et indifférents à cette tentative et nous dirons : La France a fait quatre grandes expositions, elle a trouvé qu'elle en avait assez, elle passe la main à d'autres et elle aura plus à se réjouir qu'à s'affliger d'avoir renoncé, déjà un peu trop tard, à de ruineuses folies.

L'ÉGLISE ET SON ACTION SOCIALE

Nous disions dans notre *Introduction*, avec preuves à l'appui, que Mgr d'Hulst n'avait accepté la députation que par dévouement sacerdotal ; son dernier discours au Parlement devait en être le suprême témoignage.

C'était le prêtre, en effet, qui montait à la tribune le 27 juin 1896. La Chambre discutait le projet de loi relatif à la règlementation du travail des femmes et des enfants dans les établissements industriels.

Tour à tour, les principaux orateurs des différents partis de l'Assemblée : M. de Mun pour la droite ; MM. Deschanel et Aynard pour le centre ; M. Rivet pour la gauche radicale ; MM. Guesde et Vaillant, au nom des collectivistes et des socialistes, étaient venus prendre position dans ce débat, et exposer leurs doctrines sur l'économie sociale et politique.

Ce fut aux attaques de M. Guesde contre l'Église que Mgr d'Hulst voulut particulièrement répondre par cette éloquente protestation :

Messieurs, je me rends compte, parce que je le partage, du sentiment que vous éprouvez tous, le désir de voir cette discussion aboutir et, pour cela, se dégager des hors-d'œuvre qui l'ont ralentie sans que cependant nul de nous, je pense, n'ait à le regretter. Car, ce qui était hors d'œuvre, par rapport à la discussion en cours, tenait par un autre côté à ce qu'il y a de plus élevé et de plus vital au fond des grandes questions que le législateur peut avoir à résoudre.

Et puisque des circonstances fortuites ont amené à propos de cette loi, comme elles auraient pu l'amener à propos de toute autre, des explications de principes entre l'école socialiste et les écoles adverses, je pense que chacun de nous doit s'en réjouir ; il en est résulté sinon l'accord entre les esprits, du moins une plus grande clarté ; et chacun saura mieux peut-être, — du moins je suis de ceux qui sauront mieux, — après avoir suivi avec attention cette discussion, pourquoi ils sont de tel avis et pourquoi ils restent opposés à tel autre. Mais c'est une considération d'un tout autre ordre qui m'amène pour très peu d'instants à la tribune.

Tout à l'heure l'honorable M. Rivet est venu se plaindre, si j'ai bien compris la portée de son intervention, que, dans cette joute entre les écoles et entre les partis, on eût oublié le parti radical : il montait à la tribune pour rappeler l'existence de ce parti au souvenir de la Chambre.

Quant à moi, messieurs, si je veux vous dire deux mots de l'Église et du christianisme, ce n'est pas parce qu'on les a oubliés ; non ; je me plains, au contraire, qu'on les ait mis en cause d'une façon que mes convictions et le caractère que je porte ne me permettent pas de laisser passer sans un mot de réponse.

En effet, par deux fois, dans la séance du 16 juin et dans celle d'avant-hier, l'honorable M. Guesde s'est adressé à ceux qui, dans cette Assemblée, par leurs convictions connues, représentent plus particulièrement la foi chrétienne. Une première fois, le 16 juin, il s'était exprimé dans ces termes, — il parlait aux chrétiens :

« Si vous avez été, comme vous le prétendez, vous et les vôtres, les vrais pères d'une législation protectrice du travail, est-ce que vous auriez attendu l'apparition du collectivisme, la constitution des prolétaires en parti politique de classe pour aborder cette réforme ? Non ! Le passé vous appartient ; il était à vous tout entier et à vous seul. Qu'en avez-vous fait, messieurs les chrétiens ? »

Vous voyez que l'interpellation était directe.

« Dix-huit siècles, vous avez été les maîtres du monde ; vous l'avez dominé dans son cerveau et dans sa puissance politique Votre Pape a marché sur la tête des rois et des empereurs. Dix-huit siècles, vous avez pu pétrir l'humanité à votre guise ; et loin de l'avoir affranchie, vous n'avez même pas su lui créer un abri contre les crises fatales qui l'attendaient, la préparer à cette transformation industrielle qui s'opère depuis un siècle et devait être, pour le plus grand nombre, si douloureuse et si meurtrière. C'est les mains vides que vous vous présentez. »

Ce jour-là, l'interpellation de M. Jules Guesde aux chrétiens n'a pas été relevée, et il y est revenu dans la séance d'avant-hier. Il avait dit, en s'adressant à M. de Mun qui, malheureusement, n'était pas dans la salle, — il est en congé, — que celui-ci « réclamait la mainmise de l'Église sur la conscience des patrons pour leur créer des devoirs vis-à-vis des ouvriers. »

C'est alors que je me suis permis de l'interrompre en lui disant : « Nous leur rappelons des devoirs et nous ne leur en créons pas ; nous n'avons aucun pouvoir de créer des devoirs ; nous avons mission de les rappeler, »

M. Jules Guesde m'a répondu : « J'accepte votre

rectification et je vous remercie d'autant plus qu'elle ne fait que souligner votre impuissance. Si vous essayiez de créer ces devoirs, on pourrait croire que jusqu'à présent ils n'existaient pas. Mais vous dites : Notre mission se borne à les rappeler. Eh bien ! voilà dix-huit siècles que vous les rappelez et votre appel n'a pas encore été entendu. »

Vous voyez que c'est le même reproche à peu près dans les mêmes termes, et il me semble qu'il y a là un appel assez direct pour que je reste dans les convenances, et je dirai dans le devoir de ma situation, en y répondant en deux mots.

Il est vrai que, dans la suite de ce même discours, M. Jules Guesde est revenu en termes fort significatifs sur sa première déclaration : car il n'a pas hésité à reconnaître que l'Église et le christianisme, représenté par elle, ont joué à certaines époques « un rôle très grand et très utile ».

« Nous répugnons au rôle d'accusateur public contre la longue série des siècles qui sont derrière nous. Nous ne méconnaissons ni n'insultons aucune des différentes phases de l'évolution sociale ; nous les classons, proclamant leur raison d'être successive. C'est ainsi que dans ce XIIIe siècle, auquel faisait allusion l'autre jour notre collègue M. Lemire, l'Église — nous ne faisons aucune difficulté de l'avouer — a joué un très grand et très utile rôle. C'est elle qui, se dressant devant les hommes bardés de fer d'alors, non seulement au physique, mais au moral, a été la seule puissance intellectuelle capable d'imposer une limite, de mettre un frein, au moins relatif, aux brutalités et aux violences de tous les jours, etc. »

Si l'on voulait mettre d'accord ces deux déclarations de l'honorable M. Guesde, dont l'une affirme que pendant dix-huit siècles nous avons été les maîtres du monde et que nous n'avons rien fait pour améliorer la condition de l'humanité, et l'autre qu'à une époque qui n'est pas la première venue dans l'histoire du christianisme, puisqu'elle représente le plein midi d'une civilisation essentiellement chrétienne d'origine et de caractère, nous avons fait beaucoup, nous avons fait ce qu'il y avait de mieux à faire à ce moment; si, dis-je, on voulait mettre d'accord ces deux déclarations qui sont quelque peu contradictoires, il faudrait dire que le christianisme, pendant dix-huit siècles, n'a rien fait excepté au XIIIe siècle.

Ce serait alors, permettez-moi de le dire, un grand miracle et tout à fait contraire aux lois de l'évolution. Comment! voilà une doctrine qui n'aurait rien en elle-même, rien qui pût servir les intérêts sociaux, et il se trouverait par hasard qu'à l'époque où elle a atteint l'apogée de son influence, elle a fait de très grandes choses pour le bien de la société; et cependant elle n'avait rien en elle! Vous avouerez que c'est tout à fait contraire aux lois de l'évolution. En réalité, ce que nous a reproché M. Jules Guesde en des termes évidemment empreints d'exagération et qu'il a lui-même partiellement rétractés plus tard, ce n'est pas de n'avoir rien fait, c'est de n'avoir pas tout fait.

Qu'est-ce donc que le christianisme? C'est avant tout une doctrine; c'est aussi une organisation; c'est enfin, pour nous qui croyons à sa vertu divine, une action intime exercée sur l'âme humaine et particulièrement sur cette puissance maîtresse et directrice de la vie humaine qui s'appelle la volonté.

Eh bien, pour dire que le christianisme n'a rien fait, il faudrait prouver que sa doctrine n'a éclairé aucune intelligence, que son organisation n'a facilité aucun progrès, que son action intime sur la volonté humaine n'a encouragé en rien la lutte et la victoire de l'homme contre les passions égoïstes au profit du dévouement, de la générosité et de l'amour de ses semblables.

Voilà ce qu'il faudrait montrer pour établir que nous n'avons rien fait ; mais ce serait une véritable insurrection contre l'histoire. Il faudrait dire alors que, pendant les trois premiers siècles de notre ère, le christianisme n'a rien fait pour introduire dans la pratique de la vie ce sentiment qui paraît si étranger aux civilisations antiques, même les plus brillantes, l'amour des petits, des pauvres, des faibles, des déshérités. Il faudrait dire qu'à partir du IVe siècle le christianisme n'a pas mis la main à l'œuvre de l'abolition de l'esclavage, ce qui est, je le répète, un défi à l'histoire... [1].

Il faudrait dire, enfin, que, pendant les âges barbares, l'Église, représentée par ses évêques et par ses moines, n'a rien fait pour adoucir l'âme féroce de ces tribus et pour les former longuement, laborieusement, à travers mille retours offensifs de la barbarie, à ces mœurs nouvelles qui ont enfin atteint leur plein épanouissement dans ce XIIe et dans

1. M. DEJEANTE. — Vous avez voté pour l'esclavage à Madagascar.

M. D'HULST. — J'ai voté l'esclavage, moi ? Mais j'avais signé la proposition de M. Cochin ! Il me semble que vous auriez pu vous priver de cette interruption.

(*On se souvient, sans doute, que M. Cochin, en son nom, au nom de plusieurs de ses collèguss de la droite, et de Mgr d'Hulst notamment, avait déposé, après la conquête de Madagascar, une proposition de loi pour l'abolition de l'esclavage dans cette nouvelle colonie française.*)

ce XIIIe siècle, auxquels M. Jules Guesde lui-même rendait hommage, et qui se caractérisent surtout par le respect des faibles et par le sentiment de la justice armant le bras des forts pour le triomphe du droit...[1].

Une chose me frappe encore, c'est que si, à partir du XVIe siècle, nous voyons diminuer cette action civilisatrice, moralisatrice et pacificatrice du christianisme, c'est précisément parce que la société commençait alors ce mouvement qui a continué jusqu'à nos jours et qui l'éloignait de la foi. C'est à partir de la Renaissance et de la Réforme protestante que vous voyez apparaître des nouveautés historiques qui méritent d'être signalées à votre attention. C'est d'abord la monarchie absolue, que ne vient plus tempérer aucune institution traditionnelle, la monarchie selon Machiavel, que le moyen âge avait ignorée. C'est ensuite une conception particulièrement égoïste et féroce de la propriété : la propriété sans charges morales. Si, enfin, de nos jours cette grande évolution ou révolution économique, qui a eu pour cause la transformation du travail humain par la science, a coïncidé avec une certaine aggravation de souffrances de la classe laborieuse — ou au moins

---

1. M. CHARLES FERRY et M. LOUIS JOURDAN. — C'est l'époque de la croisade des Albigeois.

M. MAURICE FAURE. — On protégeait les faibles en les massacrant.

M. D'HULST. — Quand vous trouverez une époque historique qui n'ait pas eu ses dissensions et, sous une forme quelconque, ses guerres civiles, alors vous pourrez dire que la croisade des Albigeois empêche le XIIIe siècle d'avoir été une époque de générosité et de chevalerie. (*Mouvements divers.*)

d'une partie de cette classe, ce que je ne prétends pas nier, — c'est parce que cette transformation qui était bonne en elle-même, comme tout ce qui représente un progrès de l'esprit humain, s'est faite sous la domination et sous l'inspiration d'une bourgeoisie qui s'est vantée elle-même d'être fille de Voltaire.

En sorte que ce n'est vraiment pas à l'Église ni au christianisme que vous pouvez en demander compte.

La vérité est qu'à toutes les époques le christianisme a fait une grande partie du bien que comportait l'état des esprits et des mœurs du moment, et qu'il n'a pas tout fait, non seulement à cause des résistances que lui ont opposées en tout temps les passions humaines, mais aussi, je n'hésite pas à le dire, et cet aveu ne me coûte en aucune sorte, parce que les instruments humains, qui ont été chargés aux différentes époques de l'histoire de représenter la doctrine et l'action sociale et morale du christianisme, ont été très loin d'être toujours à la hauteur de leur tâche.

En sorte que ces hommes qui ont été chargés de faire valoir dans le monde la vertu civilisatrice de l'Évangile se divisent en deux catégories : les uns ont été jusqu'au bout de leur mission ; ils se sont appelés les saints et ont laissé une trace lumineuse ; les autres, par le déficit de leur vertu et de leur dévouement ont amoindri le christianisme et donné prétexte aux calomnies dont il a été l'objet dans l'histoire ; ils ont laissé croître d'autant les influences contraires qui sont venues prendre la place de l'influence chrétienne pour le malheur de l'humanité.

Et maintenant, Messieurs, je ne répondrai plus qu'un mot à l'honorable M. Jules Guesde. Il nous a dit qu'autrefois il a pu être utile qu'on parlât aux hommes de leurs devoirs au nom de Dieu, et qu'à cet égard le christianisme avait joué un rôle utile et bienfaisant en réprimant d'une certaine manière les passions égoïstes, mais qu'aujourd'hui cela devenait inutile parce que l'homme était en train de se faire dieu.

Messieurs, je sais bien, car les théories philosophiques auxquelles se rattache le socialisme contemporain et qui sont également professées par un très grand nombre de ses adversaires que je vois sur ces bancs, ne me sont pas inconnues; je sais très bien ce que pense l'école évolutionniste, l'école qui associe l'évolution à la négation de la cause première; je sais ce qu'elle pense de la transformation de la morale et des perspectives magnifiques ouvertes à l'humanité dans l'avenir. Pour ma part, messieurs, ce sont là des chimères ; mais nous discuterions en vain sur ce que sera l'humanité dans quelques siècles, alors que l'égoïsme élaboré par une culture plus savante aura complètement achevé, selon l'assurance qu'on veut bien nous en donner, de se transformer en altruisme; ce que je puis dire, c'est qu'à prendre les choses telles qu'elles sont et telles qu'elles seront encore pour longtemps, l'égoïsme joue un rôle trop réel et trop prépondérant en ce monde pour qu'on n'en tienne pas compte.

En sorte que si M. Jules Guesde compte, pour le triomphe de ses idées, sur l'avènement de ce jour où l'égoïsme ne sera plus le maître des inspirations du plus grand nombre, il fera bien d'ajourner à une époque très éloignée son système de rénovation sociale.

Dans la société dont M. Jules Guesde nous a fait l'autre jour une si riante peinture, si l'on ne veut pas en renvoyer l'apparition à des calendes grecques problématiques, on aura à compter, comme aujourd'hui, avec l'égoïsme des hommes, et, pas plus qu'aujourd'hui, ce n'est la force qui en aura raison. Alors, comme aujourd'hui, l'humanité aura besoin d'un principe moral pour s'élever au-dessus de ses passions; elle le trouvera dans le christianisme.

Nous avons, nous, une doctrine claire et précise, qui nous fournit des motifs décisifs de combattre l'égoïsme.

Nous avons des promesses qui associent en nous l'inspiration du dévouement au souci de notre bonheur. Il y a enfin dans le christianisme un côté intime et mystique qui, en nous associant aux sentiments et aux pensées de Dieu lui-même, nous inspire, avec plus d'efficacité que tout autre, le seul altruisme, le seul qui ait fait ses preuves, qui s'appelle de son vrai nom, la charité ; la charité, sœur de la justice, et qui ne saurait en aucun cas lui être opposée.

Je ne sais pas si nous réussirons à faire prévaloir, au vingtième siècle, dans l'ensemble de la société, l'inspiration évangélique ; je ne le sais pas, mais je l'espère. Ce que je sais bien, c'est que, transformée ou non sur le patron de M. Jules Guesde ou sur celui de M. Rivet, si la société de l'avenir continue de repousser cette inspiration évangélique, sous une forme savante, la civilisation qu'elle nous prépare ne sera qu'un retour à la barbarie.

TABLE DES MATIÈRES

PARIS. — IMPRIMERIE F. LEVÉ, RUE CASSETTE, 17.

A LA MÊME LIBRAIRIE

ŒUVRES DE MGR D'HULST

CONFÉRENCES DE NOTRE-DAME

Carême de 1891. *Les Fondements de la moralité.* In-8° écu avec notes 5 fr.
Carême de 1892. *Les Devoirs envers Dieu.* In-8° écu avec notes...... 5 fr.
Carême de 1893. *Les Devoirs envers Dieu* (suite). In-8° écu avec notes. 5 fr.
Carême de 1894. *La morale de la Famille.* In 8° écu avec notes...... 5 fr.
Carême de 1895. *La Morale du Citoyen.* In-8° écu avec notes........ 5 fr.
Carême de 1896. *La Morale sociale.* In-8° écu avec notes .... 5 fr.

MÉLANGES ORATOIRES
2 vol. in-8° écu. 8 fr.

MÉLANGES PHILOSOPHIQUES
Un volume in-8° écu.. 5 fr.

Vie de Just de Bretenières, missionnaire apostolique, martyrisé en Corée (1866). 2e édition. In-18 jésus, avec portrait et carte de Corée..... 3 fr.
Vie de la Mère Marie-Térèse, fondatrice des Sœurs de l'Adoration réparatrice. 4e édition In-18 jésus, avec 2 portraits.................. 2 fr. 50
Une âme royale et chrétienne. Notes intimes sur le comte de Paris. In-8° raisin.. 1 fr.
M. l'abbé de Broglie. Brochure in-8° raisin........................ 75 c.
Le Droit Chrétien et le Droit Moderne. Etude sur l'Encyclique *Immortale Dei*, suivie du texte de l'Encyclique (*latin et français*). In-18 jésus .... 1 fr. 25
Raisons d'espérer une renaissance chrétienne. Discours. In-18.... 15 c.

LOUIS THIÉBLIN

MGR D'HULST

INTIME

In-12 .... 40 c.

Mgr TOUCHET

ORAISON FUNÈBRE DE

MGR D'HULST

Prononcée en l'Eglise Saint-Sulpice de Paris

In-8° raisin .... 1 fr.

Mgr D'HULST ET LE P. LACORDAIRE

Impressions, Récits et Souvenirs de Prédications et de Conférences recueillis par un *Cousin d'O'Connel*, revus et publiés par M. le Chanoine PHILIPPET. In-8° raisin. 1 fr. 50

A LA MÉMOIRE DE

Mgr M. D'HAUTEROCHE D'HULST

Oraison funèbre de Mgr Touchet
Discours du Comte Albert de Mun
Allocution de M. l'abbé Clerval
In-8° raisin avec portrait.. 1 fr. 50

Portrait de Mgr. d'Hulst. Format in-8° raisin.................. 50 c.
21×30 sans les marges; *Net* .... 5 fr.

DISCOURS

DU

COMTE ALBERT DE MUN

DE L'ACADÉMIE FRANÇAISE

Accompagnés de notices par Ch. GEOFFROY de GRANDMAISON

Tome I. **Questions sociales.** In-8°, *Épuisé* — In-18 jésus. 3e édition. 4 fr.
Tomes II et III. **Discours politiques.** 2 in-8° 15 fr. — 2 in-12....... 8 fr.
Tomes IV et V. **Discours et écrits divers.** 2 in-8°. 15 fr. — 2 in-12.. 8 fr.

Paris. — F. LEVÉ, imprimeur de l'Archevêché, rue Cassette, 17.

www.ingramcontent.com/pod-product-compliance
Ingram Content Group UK Ltd.
Pitfield, Milton Keynes, MK11 3LW, UK
UKHW021854190726
13855UKWH00001B/321